D1640007

本書は 250 部の限定版で、うち 10 部は手書きのシリアルナンバー入りです。

―――――――

星の王子さま

LE PETIT PRINCE

王子さまは星から旅立つとき、渡り鳥の群れを利用したのだと思います。

Je crois qu'il profita, pour son évasion, d'une migration d'oiseaux sauvages.

アントワーヌ・ド・サン=テグジュペリ
ANTOINE DE SAINT-EXUPÉRY

星の王子さま
LE PETIT PRINCE

著者によるイラスト入り

ドリアン助川 訳

Avec des aquarelles de l'auteur

Traduit par
Durian Sukegawa

Edition Tintenfaß

本書の出版を支援してくださった、以下の星の王子さまの友人たちに感謝します:

Bernard & Danièle Chaffange, Lyon (F), Pauline Couture, Ottawa, ON (CDN), Sylvain Cozzolino, Quimperlé (F), Antonio Massimo Fragomeni, Roma (I), Anne & Hervé Pierret, Ajaccio (F), Fondation Jean-Marc Probst pour le Petit Prince, Lausanne (CH), Patrick & Cleva Tourreau, West Linn, OR (USA), Juan Antonio Soler Vilanova, Tamarite de Litera (E).

© 2023 Edition Tintenfaß
69239 Neckarsteinach / Germany
Tel.: +49 – 62 29 – 23 22
www.editiontintenfass.de
info@editiontintenfass.de

装丁: τ-leχıs · O. Lange, Heidelberg
印刷: Appel & Klinger, Schneckenlohe

Printed in Germany

ISBN 978-3-98651-063-3

レオン・ウェルトへ

　この本を一人の大人にささげることを、子どものみなさんには許してもらいたいのです。私にはちゃんとした理由があります。だって、その大人は世界で一番の私の親友なのです。ほかの理由もあります。彼はなんでも理解できるのです。子どもが読む本であっても、心からわかってしまうのです。

三つ目の理由もあります。彼はフランスに住んでいるのだけれど、そこでひどくお腹をすかせています。寒くてこごえてもいるのです。今、一生けんめいになぐさめてあげなければいけないときなのです。

もし、これだけの理由をそろえても許してあげないよというなら、私はこの本を、むかし子どもだったころのその人にささげたいと思います。大人はだれだって一人のこらず、最初はみんな子どもだったのですから（でも、そのことを覚えている大人はほとんどいません）。

そういうわけですので、だれにこの本をささげるのかというあいさつの言葉を直しますね。

小さな子どもだったころのレオン・ウェルトへ

À LÉON WERTH.

Je demande pardon aux enfants d'avoir dédié ce livre à une grande personne. J'ai une excuse sérieuse : cette grande personne est le meilleur ami que j'ai au monde. J'ai une autre excuse : cette grande personne peut tout comprendre, même les livres pour enfants. J'ai une troisième excuse : cette grande personne habite la France où elle a faim et froid. Elle a besoin d'être consolée. Si toutes ces excuses ne suffisent pas, je veux bien dédier ce livre à l'enfant qu'a été autrefois cette grande personne. Toutes les grandes personnes ont d'abord été des enfants. (Mais peu d'entre elles s'en souviennent.) Je corrige donc ma dédicace :

À Léon Werth
quand il était petit garçon.

1

　六歳のときに、私ははじめてその素晴らしい絵を見ました。ジャングルについて書かれた『ほんとうにあった話』という本のなかにその絵はあったのです。それは、ボアという大きなヘビが猛獣を丸のみにしているところでした。ほら、これがその絵をまねたものです。

本にはこう説明がありました。「ボアは獲物をかまずに丸のみにします。のみこんだらもう動けません。その獲物を消化するために六ヶ月ものあいだねむるのです」

私はジャングルで起きていることについて考え、頭がいっぱいになってしまいました。それで自分の出番とばかり、色鉛筆ではじめての絵を描きあげたのです。ほら、こんな絵です。

Lorsque j'avais six ans j'ai vu, une fois, une magnifique image, dans un livre sur la forêt vierge qui s'appelait *Histoires vécues*. Ça représentait un serpent boa qui avalait un fauve. Voilà la copie du dessin.

　On disait dans le livre : « Les serpents boas avalent leur proie tout entière, sans la mâcher. Ensuite ils ne peuvent plus bouger et ils dorment pendant les six mois de leur digestion ».

　J'ai alors beaucoup réfléchi sur les aventures de la jungle et, à mon tour, j'ai réussi, avec un crayon de couleur, à tracer mon premier dessin. Mon dessin numéro 1. Il était comme ça :

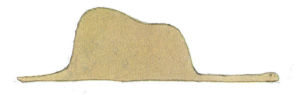

この大傑作を私は大人たちに見せました。そして、私の絵がこわくてぞっとするかどうか聞いてみたのです。

　J'ai montré mon chef-d'œuvre aux grandes personnes et je leur ai demandé si mon dessin leur faisait peur.

そうしたら大人たちは、「どうして帽子がこわいんだ?」と言うではありませんか。
私の絵は帽子を描いたものではありません。ゾウを消化している大きなヘビ、ボアなのです。だから大人たちにもわかるように、続いてボアのお腹のなかを描いてみました。大人たちというのは、いつも説明を必要とするものなのです。ほら、人生二度目の絵はこんな感じです。

Elles m'ont répondu : « Pourquoi un chapeau ferait-il peur ? »

Mon dessin ne représentait pas un chapeau. Il représentait un serpent boa qui digérait un éléphant. J'ai alors dessiné l'intérieur du serpent boa, afin que les grandes personnes puissent comprendre. Elles ont toujours besoin d'explications. Mon dessin numéro 2 était comme ça :

すると、大人たちは私に、ああだこうだと言いはじめました。ボアの外側だろうが内側だろうが、そんな絵はもうほうっておきなさい。それよりも、地理や歴史、算数や国語にもっと興味を持ちなさいと言うのです。そういうわけで、私は六歳にして、画家としてのかがやかしい未来をあきらめることになりました。ボアの絵一号と、ボアの絵二号の失敗によって、私はくじけてしまったのです。大人たちというのは、自分一人ではなにも理解しようとしません。これは子どもたちにとってすごく疲れることですよね。大人にはいつも説明をしてあげなければいけないのです。
それで私は、ほかの仕事を選びました。飛行機の操縦を勉強したのです。世界じゅうのあちらこちらを飛びまわりました。それで、わかりました。地理はたしかに役立つものです。ずいぶんと助けられました。片目でちらりと見ただけで、そこが中国なのかアリゾナなのか区別がつくようになったのです。地理はほんとうに役に立ちます。たとえ夜なかにどこを飛んでいるのかわからなくなったとしてもです。
私はそうして、たくさんのまじめな人たちと数えきれないほど出会ってきました。大人たちのあいだにまじって生きてきたのです。大人たちがすぐそばにいました。でも、だからといって、大人たちに対する私の感じかたは、あまりいい方向にはかわりませんでした。

Les grandes personnes m'ont conseillé de laisser de côté les dessins de serpents boas ouverts ou fermés, et de m'intéresser plutôt à la géographie, à l'histoire, au calcul et à la grammaire. C'est ainsi que j'ai abandonné, à l'âge de six ans, une magnifique carrière de peintre. J'avais été découragé par l'insuccès de mon dessin numéro 1 et de mon dessin numéro 2. Les grandes personnes ne comprennent jamais rien toutes seules, et c'est fatigant, pour les enfants, de toujours et toujours leur donner des explications…

J'ai donc dû choisir un autre métier et j'ai appris à piloter des avions. J'ai volé un peu partout dans le monde. Et la géographie, c'est exact, m'a beaucoup servi. Je savais reconnaître, du premier coup d'œil, la Chine de l'Arizona. C'est très utile, si l'on s'est égaré pendant la nuit.

J'ai ainsi eu, au cours de ma vie, des tas de contacts avec des tas de gens sérieux. J'ai beaucoup vécu chez les grandes personnes. Je les ai vues de très près. Ça n'a pas trop amélioré mon opinion.

ちょっとはできそうかな、と思える大人に出会ったとき、私はいつも持ち歩いているボアの絵一号を見せる実験をしてきました。ほんとうにものごとを理解できる人なのかどうか、知りたかったのです。でも、かえってくる答えはいつも同じでした。

「これは帽子だね」

こうなるともう、私はボアのことも、ジャングルのことも、星々のことも話しませんでした。かわりに、その人がわかりそうなことを話してあげるのです。トランプのブリッジやゴルフ、政治やネクタイについて。すると、その人はとてもよろこびました。自分と同じようにものごとがわかる人間に出会えたと思うらしいのです。

Quand j'en rencontrais une qui me paraissait un peu lucide, je faisais l'expérience sur elle de mon dessin n°1 que j'ai toujours conservé. Je voulais savoir si elle était vraiment compréhensive. Mais toujours elle me répondait : « C'est un chapeau. » Alors je ne lui parlais ni de serpents boas, ni de forêts vierges, ni d'étoiles. Je me mettais à sa portée. Je lui parlais de bridge, de golf, de politique et de cravates. Et la grande personne était bien contente de connaître un homme aussi raisonnable...

2

そういうわけで、私は心からほんとうのことを話せる相手がいないまま、一人で生きてきました。六年前、サハラ砂漠に飛行機が不時着するまで、ずっとそうでした。

私の飛行機のエンジンのどこかがこわれてしまったのです。整備士も乗客もだれもいなかったので、私はたった一人で飛行機のむずかしい修理にとりかからなければいけませんでした。それは私にとって、生きるか死ぬかという問題でした。たった一週間分の水しか持ち合わせていなかったのです。

不時着してはじめてむかえる夜、人里から千マイルもはなれた砂漠の上で私はねむることになりました。大きな海をたった一人いかだでただよう難民よりも、私はもっともっと人の世からへだてられていたのです。だからきっと、みなさんには私の驚きっぷりがわかると思います。夜が明けるころに聞こえてきた、ささやくような奇妙な声で私は目をさましたのです。その声はこう言いました。

「おねがいだから、ぼくにヒツジの絵を描いてくれない?」

「ええ?」

「ぼくにヒツジの絵を描いてよ」

J'ai ainsi vécu seul, sans personne avec qui parler véritablement, jusqu'à une panne dans le désert du Sahara, il y a six ans. Quelque chose s'était cassé dans mon moteur. Et comme je n'avais avec moi ni mécanicien, ni passagers, je me préparai à essayer de réussir, tout seul, une réparation difficile. C'était pour moi une question de vie ou de mort. J'avais à peine de l'eau à boire pour huit jours.

Le premier soir je me suis donc endormi sur le sable à mille milles de toute terre habitée. J'étais bien plus isolé qu'un naufragé sur un radeau au milieu de l'océan. Alors vous imaginez ma surprise, au lever du jour, quand une drôle de petite voix m'a réveillé. Elle disait : ...

« S'il vous plaît... dessine-moi un mouton !

— Hein !

— Dessine-moi un mouton... »

私は雷に打たれたみたいに飛び上がりました。驚いて、何度も目をこすりました。それで、よーく見てみたのです。そこにはとてもかわったかっこうをした小さな坊やがいました。いったいどうなっているんだって、私は真剣に考えました。

ほら、これが一番似ている坊やの絵です。かなりあとでではありましたが、うまく描けた一枚です。まあ、私の絵はもちろん、モデルに比べればあまりかわいく描けてはいないのです。でも、それは私のせいではありません。私は六歳のとき、大人たちによって画家としての偉大な人生をあきらめさせられたのですから。大きなヘビ、ボアの内側の絵と外側の絵を描いたことをのぞけば、私は一度も絵を学んでいないのです。

とにかく私は驚いて、両目とも丸くしたまま、突然あらわれた坊やを見ていました。

だって、人の住む場所から千マイルもはなれたところに私がいるということを忘れないでくださいね。それなのにかわいい坊やは、迷子だという雰囲気が全然しないのです。死ぬほど疲れているとか、死ぬほどお腹がすいているとか、死ぬほどのどが渇いているとか、死ぬほどこわがっているとか、そういう感じがまったくしないのです。人里から千マイルもはなれて、砂漠のまっただなかに子どもが一人とりのこされているといった表情が、ほんとうに彼にはなかったのです。私は、やっとの思いで坊やに話しかけてみました。

「それで……きみはいったいどうしたんだい?」

そうしたら坊やは、すごく重大なことを話すように、ゆっくりと同じことを言いました。

「おねがいだから、ぼくにヒツジを描いてくれないかな」

あまりに不思議なことに出くわすと、それを否定しようという気力もなくなるものです。ばかばかしいとは思いましたが、人里から千マイルもはなれて、死んでしまう危険さえあるというのに、私はポケットから一枚の紙と万年筆を取りだしました。でも、そこで思いだしたのです。私が特に力を入れて勉強したのは、地理や歴史、算数や国語でした。それでかわいい坊やに、ちょっと不機嫌な感じで言ったのです。私は絵の描きかたを知らないんだよって。すると坊やはこう返事しました。

J'ai sauté sur mes pieds comme si j'avais été frappé par la foudre. J'ai bien frotté mes yeux. J'ai bien regardé. Et j'ai vu un petit bonhomme tout à fait extraordinaire qui me considérait gravement. Voilà le meilleur portrait que, plus tard, j'ai réussi à faire de lui. Mais mon dessin, bien sûr, est beaucoup moins ravissant que le modèle. Ce n'est pas ma faute. J'avais été découragé dans ma carrière de peintre par les grandes personnes, à l'âge de six ans, et je n'avais rien appris à dessiner, sauf les boas fermés et les boas ouverts.

Je regardai donc cette apparition avec des yeux tout ronds d'étonnement. N'oubliez pas que je me trouvais à mille milles de toute région habitée. Or mon petit bonhomme ne me semblait ni égaré, ni mort de fatigue, ni mort de faim, ni mort de soif, ni mort de peur. Il n'avait en rien l'apparence d'un enfant perdu au milieu du désert, à mille milles de toute région habitée. Quand je réussis enfin à parler, je lui dis :

« Mais qu'est-ce que tu fais là ? »

Et il me répéta alors, tout doucement, comme une chose très sérieuse :

« S'il vous plaît... dessine-moi un mouton... »

Quand le mystère est trop impressionnant, on n'ose pas désobéir. Aussi absurde que cela me semblât à mille milles de tous les endroits habités et en danger de mort, je sortis de ma poche une feuille de papier et un stylographe. Mais je me rappelai alors que j'avais surtout étudié la géographie, l'histoire, le calcul et la grammaire et je dis au petit bonhomme (avec un peu de mauvaise humeur) que je ne savais pas dessiner. Il me répondit :

ほら、これが一番似ている坊やの絵です。

Voilà le meilleur portrait que, plus tard, j'ai réussi à faire de lui.

「かまわないよ。ぼくにヒツジを描いてよ」

私はヒツジを一度も描いたことがなかったので、坊やのために自分が描ける二つの絵のうちのひとつを描いてみました。大きなヘビ、ボアの外側です。そうしたら、坊やはこう答えました。私はほんとうに驚きました。

「ちがう、ちがう！ ぼくはボアに飲みこまれたゾウなんてほしくないよ。ボアはすごくあぶないし、ゾウはすごくでかくてじゃまなんだ。ぼくの住んでいるところはとても小さいんだ。ぼくは一匹のヒツジがほしいんだよ。ヒツジを描いてよ」

それで、私はヒツジを描きました。

坊やはじーっと見ていましたが、今度はこうです。

「だめだよ！ そのヒツジはすごく具合がわるそうだもの。ほかのヒツジを描いて」

私は描いてみました。

すると、私の友だちはやさしげに笑ってみせたのです。あらま、しょうがないね、といった顔です。

「よく見てよ……それ、ぼくのほしいヒツジじゃないよ。角の生えた大きな牡ヒツジでしょ、それは」

そういうわけで、私はまた別のヒツジを描きました。

坊やはやはり私の絵を受け取ってくれませんでした。

「そのヒツジは年をとりすぎているよ。ぼくはこれから長く生きるヒツジがほしいんだ」

さすがにがまんできなくなってきました。飛行機のエンジンの分解を急いでやらなければいけなかったので、私はぞんざいにこんな絵を描き、ぴしゃりと言ってやったのです。

« Ça ne fait rien. Dessine-moi un mouton. »

Comme je n'avais jamais dessiné un mouton je refis, pour lui, l'un des deux seuls dessins dont j'étais capable. Celui du boa fermé. Et je fus stupéfait d'entendre le petit bonhomme me répondre :

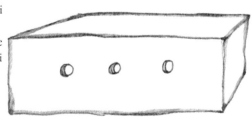

« Non ! Non ! Je ne veux pas d'un éléphant dans un boa. Un boa c'est très dangereux, et un éléphant c'est très encombrant. Chez moi c'est tout petit. J'ai besoin d'un mouton. Dessine-moi un mouton. »

Alors j'ai dessiné.

Il regarda attentivement, puis :

« Non ! Celui-là est déjà très malade. Fais-en un autre. »

Je dessinai :

Mon ami sourit gentiment, avec indulgence :

« Tu vois bien... ce n'est pas un mouton, c'est un bélier. Il a des cornes... »

Je refis donc encore mon dessin :

Mais il fut refusé, comme les précédents :

« Celui-là est trop vieux. Je veux un mouton qui vive longtemps. »

Alors, faute de patience, comme j'avais hâte de commencer le démontage de mon moteur, je griffonnai ce dessin-ci :

「これは箱だよ。きみのほしいヒツジはこのなかに入っている」

びっくりしました。この、幼い私の審判が、顔をかがやかせたのです。

「これだよ！　ぼくはほんとうにこんなのがほしかったんだ！　このヒツジ、草をたくさん食べると思う?」

「どうして?」

「だって、ぼくの住んでいるところはとても小さいんだ……」

「草ならきっとたりるよ。きみにあげたのはすごく小さなヒツジなんだから」

坊やは箱の絵をのぞきこみました。

「そんなには小さくないよ、このヒツジ。わお！　ねむっちゃった……」

こうして、私は小さな王子さまと出会ったのでした。

Et je lançai : « Ça c'est la caisse. Le mouton que tu veux est dedans. »

Mais je fus bien surpris de voir s'illuminer le visage de mon jeune juge :

« C'est tout à fait comme ça que je le voulais ! Crois-tu qu'il faille beaucoup d'herbe à ce mouton ?

— Pourquoi ?

— Parce que chez moi c'est tout petit...

— Ça suffira sûrement. Je t'ai donné un tout petit mouton. »

Il pencha la tête vers le dessin :

« Pas si petit que ça... Tiens ! Il s'est endormi... »

Et c'est ainsi que je fis la connaissance du petit prince.

<h1 style="text-align:center">3</h1>

　　小さな王子さまはいったいどこからやってきたのでしょう。それがわかるまでに、しばらくの時間がかかりました。王子さまは私にたくさんの質問をしてきましたが、私からの質問には耳をかたむけてくれる気配がなかったのです。彼がたまたま話す言葉からすこしずつ考えていって、そのうちすべてがわかったのです。たとえば、私の飛行機をはじめてちらりと見たとき（飛行機の絵は描きませんよ。私にとっては複雑すぎるのです）、王子さまはこう言いました。

「あそこの、あのあれは、なに?」

Il me fallut longtemps pour comprendre d'où il venait. Le petit prince, qui me posait beaucoup de questions, ne semblait jamais entendre les miennes. Ce sont des mots prononcés par hasard qui, peu à peu, m'ont tout révélé. Ainsi, quand il aperçut pour la première fois mon avion (je ne dessinerai pas mon avion, c'est un dessin beaucoup trop compliqué pour moi) il me demanda :

« Qu'est ce que c'est que cette chose-là ?

「あのあれ、じゃないよ。あれは飛ぶんだ。飛行機だよ。私の飛行機なんだ」

飛んできたことを王子さまに教えてあげられたので、私はちょっとほこらしい気分になりました。そうしたら王子さまがさけんだのです。

「なんだって！　あなたは空から落ちてきたの!」

「まあね」

と、私はひかえめな答えかたをしました。

「ええ！　それはおもしろいや!」

王子さまはそう言うと、かわいい声でふきだすように笑いました。私はむっとしました。私が置かれた不運な状況というものを、まじめに受けとってほしかったからです。そうしたら、彼はこう続けました。

「それなら、あなたも空からやってきたんだね！　あなたはどこの星からきたの?」

まるで光がさしこんできたようでした。その言葉ですぐにひらめいたのです。王子さまがここにいることの謎が解けそうでした。私はあわててこう聞いてみました。

「それならきみは、ほかの星からきたんだね?」

でも、王子さまは、それについては答えてくれませんでした。私の飛行機に目をやりながら、ゆっくりと頭を振るだけです。そしてこうつぶやきました。

「ほんとうだね。あんなのでは、そんなに遠くからはこられないよね」

彼はなにかを考えているかのように長いあいだだまりこんでしまいました。そしてポケットから私のヒツジの絵を取りだし、宝物となったそれをじっとながめるのでした。

「ほかの星」なんて、にわかには信じがたい言葉です。私がどれだけの好奇心をいだいたか、みなさんには想像がつくでしょうか？　それで、私はもっと深く知ろうとしてがんばってみました。

「で、きみはどこからきたのかな、かわいい坊や。おうちはどこ？　私のヒツジをどこに連れていくつもり?」

もの思いにふけるような沈黙のあとで、彼は答えました。

「よかったよ。あなたがぼくに箱をくれて。夜になったら、ヒツジのおうちになる」

— Ce n'est pas une chose. Ça vole. C'est un avion. C'est mon avion. »

Et j'étais fier de lui apprendre que je volais. Alors il s'écria :

« Comment ! tu es tombé du ciel !

— Oui, fis-je modestement.

— Ah ! ça c'est drôle... »

Et le petit prince eut un très joli éclat de rire qui m'irrita beaucoup. Je désire que l'on prenne mes malheurs au sérieux. Puis il ajouta :

« Alors, toi aussi tu viens du ciel ! De quelle planète es-tu ? » J'entrevis aussitôt une lueur, dans le mystère de sa présence, et j'interrogeai brusquement : « Tu viens donc d'une autre planète ? »

Mais il ne me répondit pas. Il hochait la tête doucement tout en regardant mon avion :

« C'est vrai que, là-dessus, tu ne peux pas venir de bien loin... »

Et il s'enfonça dans une rêverie qui dura longtemps. Puis, sortant mon mouton de sa poche, il se plongea dans la contemplation de son trésor.

Vous imaginez combien j'avais pu être intrigué par cette demi-confidence sur « les autres planètes ». Je m'efforçai donc d'en savoir plus long :

« D'où viens-tu mon petit bonhomme ? Où est-ce ‹ chez toi › ? Où veux-tu emporter mon mouton ? »

Il me répondit après un silence méditatif :

小惑星Ｂ６１２の王子さま

Le petit prince sur l'astéroïde B 612

「もちろんさ。きみがお利口でいてくれたら、昼間にヒツジをつないでおくロープもあげるよ。ロープをむすぶ杭もね」

この提案は、王子さまには意外なものだととられたようです。

「ヒツジをつなぐだって？　へんなことを考えるね！」

「でも、もしつないでおかないと、ヒツジはどこにだって行っちゃうよ。迷子になっちゃう」

すると私の友だちは、またふきだして笑ったのです。

「ヒツジがどこに行くと思うの？」

「どこにだって行くよ。前にまっすぐどこまでも……」

王子さまはそこでまじめな顔になりました。

「大丈夫なんだ。ほんとうに小さいから、ぼくの星」

それから、どうやらすこしさびしくなってしまったようで、王子さまはこんなふうに言葉をつけたしました。

「まっすぐどこまで行こうとしても、だれもそう遠くには行けないものだよ……」

« Ce qui est bien, avec la caisse que tu m'as donnée, c'est que, la nuit, ça lui servira de maison.

— Bien sûr. Et si tu es gentil, je te donnerai aussi une corde pour l'attacher pendant le jour. Et un piquet. »

La proposition parut choquer le petit prince : « L'attacher ? Quelle drôle d'idée !

— Mais si tu ne l'attaches pas, il ira n'importe où, et il se perdra... »

Et mon ami eut un nouvel éclat de rire : « Mais où veux-tu qu'il aille !

— N'importe où. Droit devant lui... »

Alors le petit prince remarqua gravement : « Ça ne fait rien, c'est tellement petit, chez moi ! »

Et, avec un peu de mélancolie, peut-être, il ajouta : « Droit devant soi on ne peut pas aller bien loin... »

4

こうして私は、またひとつとてもたいせつなことを知りました。それは、王子さまが暮らしていた星は、一軒の家とそうかわらない大きさだった！　ということです。

でも、私はたいして驚きませんでした。地球や木星、火星や金星といった名前つきの大きな惑星の向こうに、小さすぎて望遠鏡でもなかなか見えない何百という星があることを知っていたからです。天文学者はひとつの惑星を発見すると、その星の名前として番号を与えます。たとえば、「小惑星３２５１」というふうに。

J'avais ainsi appris une seconde chose très importante : c'est que sa planète d'origine était à peine plus grande qu'une maison ! Ça ne pouvait pas m'étonner beaucoup. Je savais bien qu'en dehors des grosses planètes comme la Terre, Jupiter, Mars, Vénus, auxquelles on a donné des noms, il y en a des centaines d'autres qui sont quelquefois si petites qu'on a beaucoup de mal à les apercevoir au télescope. Quand un astronome découvre l'une d'elles, il lui donne pour nom un numéro. Il l'appelle par exemple : « l'astéroïde 3251 ».

私には、小さな王子さまがやってきたのは「小惑星Ｂ６１２」ではないかと信じるちゃんとした理由がありました。それは、トルコの天文学者によって、一九〇九年に一度だけ望遠鏡で発見された小惑星なのです。

彼は天文学の国際会議で、自分の発見を大々的に発表しました。だけど、着ているものがその場にふさわしくなかったのです。トルコの民族衣装のせいで、だれも彼を信用しなかったのです。大人ってこんなものなのです。

小惑星Ｂ６１２がさいわいにも名誉を回復できたのは、トルコの独裁者が国の人々に、ヨーロッパ風の服を着ないと死刑にしちゃうよって命じたからです。そこでトルコの天文学者は一九二〇年に、すごくステキなヨーロッパの服を着て発表をやりなおしました。そうしたら今度は、一人のこらず彼の発見をみとめたのです。

私が今ここで、小惑星Ｂ６１２についてくわしいことを語ったり、星の数字をあきらかにしているのは、大人たちのことを考えているからです。大人は数字のとりこなのです。みなさんがあたらしい友だちについて話しても、大人たちはたいせつなことを決して聞こうとはしません。こんなふうには絶対言いませんよ。

「その子、どんな声をだすの？　なにをして遊ぶのが好き？　チョウを集めてるかな？」
大人はきっとこう言います。

「その子は何歳なの？　兄弟は何人いるんだ？　体重はどれくらいあるの？　お父さんはどれだけ収入があるの？」
なんと、こんなことだけを並べて、大人はその子を知ったつもりになるのです。だからもし、みなさんが大人た

J'ai de sérieuses raisons de croire que la planète d'où venait le petit prince est l'astéroïde B 612. Cet astéroïde n'a été aperçu qu'une fois au télescope, en 1909, par un astronome turc.

Il avait fait alors une grande démonstration de sa découverte à un congrès international d'astronomie. Mais personne ne l'avait cru à cause de son costume. Les grandes personnes sont comme ça.

Heureusement pour la réputation de l'astéroïde B 612, un dictateur turc imposa à son peuple, sous peine de mort, de s'habiller à l'européenne. L'astronome refit sa démonstration en 1920, dans un habit très élégant. Et cette fois-ci tout le monde fut de son avis.

Si je vous ai raconté ces détails sur l'astéroïde B 612 et si je vous ai confié son numéro, c'est à cause des grandes personnes. Les grandes personnes aiment les chiffres. Quand vous leur parlez d'un nouvel ami, elles ne vous questionnent jamais sur l'essentiel. Elles ne vous disent jamais : « Quel est le son de sa voix ? Quels sont les jeux qu'il préfère ? Est-ce qu'il collectionne les papillons ? » Elles vous demandent : « Quel âge a-t-il ? Combien a-t-il de frères ? Combien pèse-t-il ? Combien gagne son père ? » Alors seulement elles croient le connaître. Si vous dites aux grandes

ちにこう伝えたとすると……「バラ色のレンガでできた美しいおうちを見たよ。窓辺にはゼラニウムが咲いていて、屋根にはハトたちがいた……」どんな家なのか、これでは大人たちは想像できないのです。こう言ってやらないといけません。「私、十万フランのおうちをみたよ」すると、大人たちはこう叫びます。「なんてステキな家なんだ!」

そういうわけですから、もしみなさんが、「小さな王子さまがほんとうにいたという証拠はあるよ。王子さまはとてもかわいらしかったし、よく笑ったし、それにヒツジをほしがったんだ。ヒツジをほしがるなんて、ほんとうにいたということの証明だよね」なんて言うと、大人たちは肩をすくめて、みなさんを子どもあつかいするでしょう! でも、もしみなさんが、「王子さまがやってきたのは小惑星Ｂ６１２だよ」と言ったなら、大人たちは納得します。みなさんを質問ぜめにしないで、静かにほうっておいてくれるはずです。大人ってそういうものなのです。だから、大人にないものねだりをしてはいけません。子どもたちは大人に対して、うんと大きな気持ちで接してあげるべきなのです。

でも、もちろん、生きていくことの意味がわかっている私たちは、数字のことなんかどうでもいいですね!

　王子さまとのこの物語だって、おとぎ話のようにはじめられていたらよかったなあと思います。書きだしはこんなふうに。

「むかしむかし、小さな王子さまが、自分の身のたけよりちょっと大きいだけの惑星に住んでいました。王子さまは友だちがほしかったのです……」

生きていくことの意味がわかっている人たちには、こちらのほうがずっとほんものらしく感じられることでしょう。というのも、私は自分のこの本を軽い気持ちで読んでほしくないのです。あのときの思い出を語ると、私はとてもつらくなるのです。私の友だちがヒツジを連れてこの星を去ってから、すでに六年がすぎました。ここで王子さまのことを書こうとしているのは、彼を忘れないためなのです。友だちを忘れるなんて、かなしいことですからね。だれもが友だちを持っているというわけではありません。私だって、数字にしか興味がない大人みたいになってしまうかもしれないのです。だから、私はもう一度、絵の具のセット

personnes : « J'ai vu une belle maison en briques roses, avec des géraniums aux fenêtres et des colombes sur le toit... » elles ne parviennent pas à s'imaginer cette maison. Il faut leur dire : « J'ai vu une maison de cent mille francs. » Alors elles s'écrient : « Comme c'est joli ! »

Ainsi, si vous leur dites : « La preuve que le petit prince a existé c'est qu'il était ravissant, qu'il riait, et qu'il voulait un mouton. Quand on veut un mouton, c'est la preuve qu'on existe », elles hausseront les épaules et vous traiteront d'enfant ! Mais si vous leur dites : « La planète d'où il venait est l'astéroïde B 612 » alors elles seront convaincues, et elles vous laisseront tranquille avec leurs questions. Elles sont comme ça. Il ne faut pas leur en vouloir. Les enfants doivent être très indulgents envers les grandes personnes.

Mais, bien sûr, nous qui comprenons la vie, nous nous moquons bien des numéros ! J'aurais aimé commencer cette histoire à la façon des contes de fées. J'aurais aimé dire :

« Il était une fois un petit prince qui habitait une planète à peine plus grande que lui, et qui avait besoin d'un ami... » Pour ceux qui comprennent la vie, ça aurait eu l'air beaucoup plus vrai.

Car je n'aime pas qu'on lise mon livre à la légère. J'éprouve tant de chagrin à raconter ces souvenirs. Il y a six ans déjà que mon ami s'en est allé avec son mouton. Si j'essaie ici de le décrire, c'est afin de ne pas l'oublier. C'est triste d'oublier un ami. Tout le monde n'a pas eu un ami. Et je puis devenir comme les grandes personnes qui ne s'intéressent plus qu'aux chiffres. C'est donc pour ça encore que j'ai acheté une boîte de couleurs et des crayons. C'est dur de se remettre au dessin, à mon âge, quand on n'a jamais fait

と鉛筆を買ってきたのです。私の年齢でふたたび絵を描きだすというのは大変なことなのですよ。六歳のときのボアの内側と外側の絵以外、なにも描いたことがないのですから！　もちろん、私はできるだけほんものそっくりに描こうとしています。でも、うまくいくかどうかはまったくわかりません。ひとつ似たのが描けたとしても、ほかの絵は全然似ていません。背たけもちょくちょくまちがえます。こっちは王子さまが大きすぎるし、あっちは小さすぎる。王子さまの服の色も、どうだったかなあと迷ってしまいます。こうだったかな、ああだったかなと、どうにかこうにか手さぐりでやっているのです。それでも結局、よりたいせつな細かいところをまちがえてしまうかもしれません。でも、そうだとしても、私には目くじらをたてないでもらいたいのです。私の友だちはまったく説明をしてくれなかったのですから。彼はたぶん、私のことを自分と似た心の持ち主だと思っていたのでしょう。だけど私はついていないことに、箱のなかのヒツジを見る力なんて持ち合わせていないのです。おそらく私は、ちょっとばかり大人になってしまったのでしょう。年をとってしまったのです。

d'autres tentatives que celle d'un boa fermé et celle d'un boa ouvert, à l'âge de six ans ! J'essaierai, bien sûr, de faire des portraits le plus ressemblants possible. Mais je ne suis pas tout à fait certain de réussir. Un dessin va, et l'autre ne ressemble plus. Je me trompe un peu aussi sur la taille. Ici le petit prince est trop grand. Là il est trop petit. J'hésite aussi sur la couleur de son costume. Alors je tâtonne comme ci et comme ça, tant bien que mal. Je me tromperai enfin sur certains détails plus importants. Mais ça, il faudra me le pardonner. Mon ami ne donnait jamais d'explications. Il me croyait peut-être semblable à lui. Mais moi, malheureusement, je ne sais pas voir les moutons à travers les caisses. Je suis peut-être un peu comme les grandes personnes. J'ai dû vieillir.

5

　　毎日すこしずつですが、小さな王子さまが住んでいた星のことや、そこからどうして彼が出発したのか、また彼の旅の日々がどんなふうだったかについて、私は知るようになりました。王子さまがたまたま話してくれたことをヒントにして考えているうち、ほんとうにゆっくりと、すこしずつわかってきたのです。こうして三日目、私はバオバブの話を彼から聞きました。
今度もまた、ヒツジのおかげでした。小さな王子さまは重大な問題にぶつかったという感じで、いきなり私にたずねてきたのです。
「ねえ、ほんとうなんでしょう？　ヒツジが小さな木を食べるって」
「うん。ほんとうだよ」
「ああ、よかった！」

Chaque jour j'apprenais quelque chose sur la planète, sur le départ, sur le voyage. Ça venait tout doucement, au hasard des réflexions. C'est ainsi que, le troisième jour, je connus le drame des baobabs.

　　Cette fois-ci encore ce fut grâce au mouton, car brusquement le petit prince m'interrogea, comme pris d'un doute grave :

　　« C'est bien vrai, n'est-ce pas, que les moutons mangent les arbustes ?

　　— Oui. C'est vrai.

　　— Ah ! Je suis content ! »

ヒツジが小さな木を食べることがどうしてそんなに問題になっているのか、私にはわかりませんでした。
でも、王子さまはそこでこう言ったのです。
「それなら、ヒツジはバオバブも食べるよね?」
私は王子さまに教えてあげました。バオバブは小さな木ではないこと。むしろ教会みたいに大きな木
で、王子さまがゾウの群れを連れていったとしても、一本のバオバブのてっぺんにはとうてい届かない
ので、葉っぱは食べきれないということを。
ゾウの群れというたとえ話に、王子さまは笑い声をあげました。
「それならゾウの背中に、また別のゾウを乗せないといけないね……」
でも、王子さまはひとしきり考えたという口調でこんなことを言いました。
「バオバブだって、大きくなる前はちびっこだったんだ」
「そのとおりだよ! でも、なぜきみはちびっこのバオバブをヒツジに食べさせたいの?」
「そんなの、わかるでしょう!」
だれでも知っている当たり前のことじゃないか、といったふうに彼は答えました。どういうことなのかわか
らない私は、この問題を一人で解くために、頭をフル回転させなければなりませんでした。
その結果、わかったのはこういうことです。すべての惑星と同じように、小さな王子さまの星にもいい草と
わるい草が生えていたのです。いい草のいい種と、わるい草のわるい種があるのだから、どうしてもそう
なってしまいますよね。でも、種のときは人の目には見えないものです。地面の下のかくれたところで種
はねむっています。そのうちの一粒が、目をさますことを気まぐれに思いつくまでは。

Je ne compris pas pourquoi il était si important que les moutons mangeassent les arbustes. Mais le petit prince ajouta :

« Par conséquent ils mangent aussi les baobabs ? »

Je fis remarquer au petit prince que les baobabs ne sont pas des arbustes, mais des arbres grands comme des églises et que, si même il emportait avec lui tout un troupeau d'éléphants, ce troupeau ne viendrait pas à bout d'un seul baobab.

L'idée du troupeau d'éléphants fit rire le petit prince :

« Il faudrait les mettre les uns sur les autres... »

Mais il remarqua avec sagesse :

« Les baobabs, avant de grandir, ça commence par être petit.

— C'est exact ! Mais pourquoi veux-tu que tes moutons mangent les petits baobabs ? »

Il me répondit : « Ben ! Voyons ! » comme s'il s'agissait là d'une évidence. Et il me fallut un grand effort d'intelligence pour comprendre à moi seul ce problème.

Et en effet, sur la planète du petit prince, il y avait comme sur toutes les planètes, de bonnes herbes et de mauvaises herbes. Par conséquent de bonnes graines de bonnes herbes et de mauvaises graines de mauvaises herbes. Mais les graines sont invisibles.

種は背のびをして、まずは太陽のほうに向かっておずおずと芽をのばしていきます。美しくて、たけだけしさなんてどこにもない小さな芽です。もしそれが、二十日大根やバラの芽だったら、そのままほうっておいて、のびたいようにのばしてやればいいのです。でもそれがわるい植物だったら、そうだとわかったときにすぐ引き抜かなければいけません。実は、小さな王子さまの星には、おそろしい種がありました。それがバオバブの種だったのです。星の土にはその種がはびこっていました。バオバブが大きくなったらもう手おくれです。打つ手がなくなります。星全体がバオバブでいっぱいになってしまうのです。バオバブは、その根っこで星に穴をあけてしまいます。もしすごく小さな星にたくさんのバオバブが生えたら、こなごなにこわれてしまうことでしょう。

Elles dorment dans le secret de la terre jusqu'à ce qu'il prenne fantaisie à l'une d'elles de se réveiller. Alors elle s'étire, et pousse d'abord timidement vers le soleil une ravissante petite brindille inoffensive. S'il s'agit d'une brindille de radis ou de rosier, on peut la laisser pousser comme elle veut. Mais s'il s'agit d'une mauvaise plante, il faut arracher la plante aussitôt, dès qu'on a su la reconnaître. Or il y avait des graines terribles sur la planète du petit prince... c'étaient les graines de baobabs. Le sol de la planète en était infesté. Or un baobab, si l'on s'y prend trop tard, on ne peut jamais plus s'en débarrasser. Il encombre toute la planète. Il la perfore de ses racines. Et si la planète est trop petite, et si les baobabs sont trop nombreux, ils la font éclater.

「問題は、きっちり習慣づけるかどうかってことだよ」と、王子さまはあとになってから私に言いました。「朝、顔をあらって身づくろいをしたら、星の手入れもていねいにやってあげないといけないんだ。バラとの見わけがつくようになったら、バオバブをこまめに引き抜くことを習慣にするんだよ。バオバブとバラは芽を出したころは似ていて、どっちがどっちなんだかよくわからないからね。おもしろくはないけれど、とても簡単な作業だよ」

王子さまはある日、私の星の子どもたちがバオバブのことを頭に入れておくために、きちんとした絵を描いておくべきだと言いました。「いつか子どもたちが旅をするとき、きっとその絵が役に立つよ。自分の仕事をあとまわしにしても、つごうのわるいことにはならない場合もある。でも、それがもしバオバブなら、まちがいなく取りかえしがつかないことになるんだ。ぼくは、なまけ者が住んでいた星を知っていた。その人は、三本のバオバブの木をほうったらかしにしていたんだ。それで……」

私は王子さまが教えてくれたように、そのなまけ者の星を描いてみました。ほんとうは、お説教やさんのようなものの言いかたが私は好きではありません。でも、バオバブの木がどれだけあぶないのかはあまりに知られていませんので、小さな星に迷いこんだ人がなにもやらないとたいへんなことになります。ですから、一度だけ自分のいましめをやぶることにします。私はこう言いたいのです。「子どもたちよ！　バオバブには気をつけるんだ！」

ずいぶんむかしから危険ととなり合わせだったのに、私も友だちもそれを知らなかったのです。だからみなさんに注意してもらいたくて、この絵を一生けんめいに描きました。ここで伝えたことをみなさんに知ってもらえるのなら、汗を流したぶんだけの価値があると私は思います。みなさんはたぶん、「なぜこの本には、このバオバブの絵みたいに堂々としたのがほかにないのだろう？」と疑問に思ったかもしれません。答えはとても簡単です。がんばってみたけれど、そうはならなかったのです。バオバブの絵を描いていたときは、どうしてもこの危険性を伝えなければいけないという気持ちに突き動かされていたのでしょう。

« C'est une question de discipline, me disait plus tard le petit prince. Quand on a terminé sa toilette du matin, il faut faire soigneusement la toilette de la planète. Il faut s'astreindre régulièrement à arracher les baobabs dès qu'on les distingue d'avec les rosiers auxquels ils ressemblent beaucoup quand ils sont très jeunes. C'est un travail très ennuyeux, mais très facile. »

Et un jour il me conseilla de m'appliquer à réussir un beau dessin, pour bien faire entrer ça dans la tête des enfants de chez moi. « S'ils voyagent un jour, me disait-il, ça pourra leur servir. Il est quelquefois sans inconvénient de remettre à plus tard son travail. Mais, s'il s'agit des baobabs, c'est toujours une catastrophe. J'ai connu une planète, habitée par un paresseux. Il avait négligé trois arbustes... »

Et, sur les indications du petit prince, j'ai dessiné cette planète-là. Je n'aime guère prendre le ton d'un moraliste. Mais le danger des baobabs est si peu connu, et les risques courus par celui qui s'égarerait dans un astéroïde sont si considérables, que, pour une fois, je fais exception à ma réserve. Je dis : « Enfants ! Faites attention aux baobabs ! »

C'est pour avertir mes amis du danger qu'ils frôlaient depuis longtemps, comme moi-même, sans le connaître, que j'ai tant travaillé ce dessin-là. La leçon que je donnais en valait la peine. Vous vous demanderez peut-être : Pourquoi n'y a-t-il pas dans ce livre, d'autres dessins aussi grandioses que le dessin des baobabs ? La réponse est bien simple : J'ai essayé mais je n'ai pas pu réussir. Quand j'ai dessiné les baobabs j'ai été animé par le sentiment de l'urgence.

バオバブの木

Les baobabs

6

　ああ、小さな王子さま！　私はこうして、ささやかでものうげだったきみの暮らしぶりをだんだんと知るようになっていったのです。長いあいだ、きみは夕陽のやさしげな光につつまれることだけが気晴らしだったのですね。四日目の朝、きみが話してくれて、私はこのことをはじめて知りました。
「ぼくは夕陽がすごく好きなんだ。ねえ、いっしょに見ようよ……」
「でも、待たないとね……」
「なにを待つの？」
「太陽がしずむのを待つんだよ」
きみはそこでまず、とても驚いたようでした。それからきみは自分自身を笑い、私にこう言いました。
「まだ、自分の星にいるつもりだった！」

Ah ! petit prince, j'ai compris, peu à peu, ainsi, ta petite vie mélancolique. Tu n'avais eu longtemps pour distraction que la douceur des couchers de soleil.
　J'ai appris ce détail nouveau, le quatrième jour au matin, quand tu m'as dit :
　« J'aime bien les couchers de soleil. Allons voir un coucher de soleil...
　— Mais il faut attendre...
　— Attendre quoi ?
　— Attendre que le soleil se couche. »
　Tu as eu l'air très surpris d'abord, et puis tu as ri de toi-même. Et tu m'as dit :
　« Je me crois toujours chez moi ! »

なるほど、そういうことだったのですね。だれでも知っているとおり、アメリカ合衆国が昼の十二時なら、フランスでは太陽がしずむころです。その夕陽を見とどけたいのなら、一分でフランスまで飛んでいけばいいのです。でも残念なことに、フランスはすごく遠いから、これは無理です。だけど、王子さまの星がほんとうに小さいのなら、椅子を引っ張って数歩あるくだけで充分です。そうすれば、王子さまは見たいだけ何度でも夕陽をのぞむことができます。

「いつだったか、ぼくは、夕陽を四十四回も見たんだ!」

そして王子さまはすこしだまってから、こう言いました。

「あのさ……ほんとうにかなしいときは、夕陽を見たくなるね……」

「四十四回も夕陽を見たその日は、それならほんとうにかなしかったんだね?」

でも、小さな王子さまはなにも答えてくれませんでした。

En effet. Quand il est midi aux États-Unis, le soleil, tout le monde le sait, se couche sur la France. Il suffirait de pouvoir aller en France en une minute pour assister au coucher du soleil. Malheureusement la France est bien trop éloignée. Mais, sur ta si petite planète, il te suffisait de tirer ta chaise de quelques pas. Et tu regardais le crépuscule chaque fois que tu le désirais...

« Un jour, j'ai vu le soleil se coucher quarante-quatre fois ! »

Et un peu plus tard tu ajoutais :

« Tu sais... quand on est tellement triste on aime les couchers de soleil...

— Le jour des quarante-quatre fois tu étais donc tellement triste ? »

Mais le petit prince ne répondit pas.

7

　　五日目もそうでした。王子さまがどんなふうに暮らしてきたのか、またもやヒツジのおかげでその秘密があきらかになったのです。王子さまはなんの前ぶれもなしに、私にこう聞いてきました。まるで、長いあいだ静かに考えていた問いかけが、果実になって転がりでたかのように。

「ヒツジがもし、背の低い木を食べるのだとしたら、お花も食べちゃうかな?」

「ヒツジは出会うものはなんでも食べちゃうよ」

「とげのある花も?」

「うん。とげのある花でも」

「それならとげは、なんのためにあるの?」

Le cinquième jour, toujours grâce au mouton, ce secret de la vie du petit prince me fut révélé. Il me demanda avec brusquerie, sans préambule, comme le fruit d'un problème longtemps médité en silence :

« Un mouton, s'il mange les arbustes, il mange aussi les fleurs ?

— Un mouton mange tout ce qu'il rencontre.

— Même les fleurs qui ont des épines ?

— Oui. Même les fleurs qui ont des épines.

— Alors les épines, à quoi servent-elles ? »

そんなこと、私にはわかりませんでした。私はそのとき、エンジンにあまりにきつくはまりこんでいるボルトをゆるめようとして、歯をくいしばっているところだったのです。エンジンの故障がとても深刻なものであることがわかってきて、私はものすごくあせっていました。飲み水も底をつきそうで、最悪の事態をも考えはじめていたのです。

「ねえ、とげはなんのためにあるの?」

王子さまは一度質問をすると、その答えを聞くまで絶対にあきらめません。私はボルトのことでいらいらしていたので、どうでもいいような返事をしました。

「とげなんて、なにかのためにあるわけじゃないよ。花のいじわるな心がとげになったんだ!」

「ええっ!」

王子さまはだまりこんだあと、怒ったふうに言いかえしてきました。

「そんなの信じないよ。花はよわいんだ。傷つきやすいんだ。大丈夫だって安心したいんだ。とげを持つことで、自分たちは強いと信じたいんだ……」

私はなにも答えませんでした。このとき、私は修理のことに思いをはせていたのです。

――このボルトがまだふんばるようなら、ハンマーの一撃でふっとばしてやる。

そんなふうに考えこむ私を、また王子さまがじゃましました。

「ねえ、ほんとうにそう思っているの? 花はね……」

「ちがう! ちがうよ! そう思っちゃいないさ! どうでもいいと思って言っただけだ。私は今、まじめなことでいそがしいんだよ!」

彼は私を驚いた顔で見ました。

「まじめなことだって!」

Je ne le savais pas. J'étais alors très occupé à essayer de dévisser un boulon trop serré de mon moteur. J'étais très soucieux car ma panne commençait de m'apparaître comme très grave, et l'eau à boire qui s'épuisait me faisait craindre le pire.

« Les épines, à quoi servent-elles ? »

Le petit prince ne renonçait jamais à une question, une fois qu'il l'avait posée. J'étais irrité par mon boulon et je répondis n'importe quoi :

« Les épines, ça ne sert à rien, c'est de la pure méchanceté de la part des fleurs !

— Oh ! »

Mais après un silence il me lança, avec une sorte de rancune :

« Je ne te crois pas ! Les fleurs sont faibles. Elles sont naïves. Elles se rassurent comme elles peuvent. Elles se croient terribles avec leurs épines... »

Je ne répondis rien. À cet instant-là je me disais : « Si ce boulon résiste encore, je le ferai sauter d'un coup de marteau. » Le petit prince dérangea de nouveau mes réflexions :

« Et tu crois, toi, que les fleurs...

— Mais non ! Mais non ! Je ne crois rien ! J'ai répondu n'importe quoi. Je m'occupe, moi, de choses sérieuses ! »

Il me regarda stupéfait.

« De choses sérieuses ! »

ハンマーを手に、オイルで指が真っ黒になっている私を彼は見ました。彼からすれば、とても奇怪な物体の上にかがみこんでいる私をです。

「あなたは、大人みたいな話しかたをするんだね!」

そう言われて、私はちょっぴり恥ずかしくなりました。でも、彼は容赦なくこう続けたのです。

「あなたはまちがってるよ……なにもかもごちゃまぜだ!」

彼はほんとうにひどく怒っていました。金色の髪を風に向けて振りまわしました。

「ぼくは赤ら顔の男が住む星を知っているんだ。彼は花の香りをかいだこともないし、星をながめたことだってない。だれ一人愛したこともないんだ。なにもやらないんだよ、計算以外は。それで彼は一日じゅうずっとあなたみたいなことを言っている。私はまじめな人間なんだ!　私はまじめな人間なんだ!そんなことを言って、傲慢さでぱんぱんにふくらんでいる。あれは人間じゃない。きのこだ!」

「え?　なんだって?」

「きのこだ!」

王子さまは怒りのあまり、今や真っ青な顔になっていました。

「花は何百万年も前からとげを身につけてきたんだよ。ヒツジたちも何百万年も前から花を食べてきた。とげがまったく役に立たないのなら、花がわざわざ苦労してそれを身につけようとしたのはどうしてなのか、その理由を知ろうとするのはまじめではないというの?　ヒツジと花との戦いはどうでもいいことだというの?　太った赤ら顔のおじさんがする計算よりまじめでもないし、大事でもないというの?それに、もしぼくが知っているこの世に一輪だけの、ぼくの星以外にはどこにも生えていないその花が、

Il me voyait, mon marteau à la main, et les doigts noirs de cambouis, penché sur un objet qui lui semblait très laid.

« Tu parles comme les grandes personnes ! »

Ça me fit un peu honte. Mais, impitoyable, il ajouta :

« Tu confonds tout... tu mélanges tout ! »

Il était vraiment très irrité. Il secouait au vent des cheveux tout dorés :

« Je connais une planète où il y a un monsieur cramoisi. Il n'a jamais respiré une fleur. Il n'a jamais regardé une étoile. Il n'a jamais aimé personne. Il n'a jamais rien fait d'autre que des additions. Et toute la journée il répète comme toi : ‹ Je suis un homme sérieux ! Je suis un homme sérieux ! › et ça le fait gonfler d'orgueil. Mais ce n'est pas un homme, c'est un champignon !

— Un quoi ?

— Un champignon ! »

Le petit prince était maintenant tout pâle de colère.

« Il y a des millions d'années que les fleurs fabriquent des épines. Il y a des millions d'années que les moutons mangent quand même les fleurs. Et ce n'est pas sérieux de chercher à comprendre pourquoi elles se donnent tant de mal pour se fabriquer des épines qui ne servent

ある朝、自分がなにをしているのかさえわからない小ヒツジにぱくっと食べられて消えてしまうかもしれないとしても、それは大事なことではないというの！」

彼は真っ赤な顔になって、言葉を続けました。

「何百万もある星のなかで、たったひとつの星にしかない花を愛している人がいたとしたら、その人は星空を見るだけで幸せな気持ちになるよ。ああ、この星々のどこかにぼくの花があるんだって……。でも、もしヒツジが花を食べちゃったら、その人にとっては、突然すべての星が消えてしまうようなものだよ。それでも大事じゃないというの！」

王子さまはそれ以上話せませんでした。ふいに声をあげて、泣きはじめたのです。もう夜になっていました。私はすでに工具をほうりだしていました。ハンマーやボルト、それにのどの渇きや死も、すべてどうでもいいことのように思えたのです。

ひとつの星、この惑星、私の星である地球の上に、なぐさめてあげなければいけない一人の王子さまがいました。私は王子さまを腕に抱き、ゆすってやりました。「きみがいとおしく思うその花は、あぶないことなんかにはならない。私がきみのヒツジのための口輪を描いてあげよう。花のためにはおおいを描いてあげる……私が……」

なにを言えばいいのか、私にはもうわかりませんでした。自分のことがひどく軽率に感じられました。王子さまとどうしたらもう一度仲良くなれるのか、わかりませんでした。ほんとうに不思議です。涙の国というやつは！

jamais à rien ? Ce n'est pas important la guerre des moutons et des fleurs ? Ce n'est pas plus sérieux et plus important que les additions d'un gros monsieur rouge ? Et si je connais, moi, une fleur unique au monde, qui n'existe nulle part, sauf dans ma planète, et qu'un petit mouton peut anéantir d'un seul coup, comme ça, un matin, sans se rendre compte de ce qu'il fait, ce n'est pas important ça ! »

Il rougit, puis reprit :

« Si quelqu'un aime une fleur qui n'existe qu'à un exemplaire dans les millions et les millions d'étoiles, ça suffit pour qu'il soit heureux quand il les regarde. Il se dit : ‹ Ma fleur est là quelque part... › Mais si le mouton mange la fleur, c'est pour lui comme si, brusquement, toutes les étoiles s'éteignaient ! Et ce n'est pas important ça ! »

Il ne put rien dire de plus. Il éclata brusquement en sanglots. La nuit était tombée. J'avais lâché mes outils. Je me moquais bien de mon marteau, de mon boulon, de la soif et de la mort. Il y avait sur une étoile, une planète, la mienne, la Terre, un petit prince à consoler ! Je le pris dans les bras. Je le berçai. Je lui disais : « La fleur que tu aimes n'est pas en danger... Je lui dessinerai une muselière, à ton mouton... Je te dessinerai une armure pour ta fleur... Je... » Je ne savais pas trop quoi dire. Je me sentais très maladroit. Je ne savais comment l'atteindre, où le rejoindre... C'est tellement mystérieux, le pays des larmes !

8

私はそれからすぐ、この花についてもっとよく知ることになりました。王子さまの星には、これまでにも花々が咲いていたのです。一重だけの花びらで身をかざるとても素朴な花です。まったく場所をとらないし、だれのじゃまもしない花。朝、草のあいだから顔を出し、夜になるとしぼんでしまう花です。だけどある日のこと、どこから運ばれてきたのかわからない種が芽を出しました。王子さまはこれまでの花のものとは似ていないその若木に顔を近づけ、じっと観察をしました。新しい種類のバオバブかもしれなかったからです。

しかし、その若木はすぐにのびるのをやめ、一輪の花を咲かせる準備をはじめました。とても大きなつぼみがついたのを見た王子さまは、奇跡のような花が咲くものだと思いました。でも、その花は美しくなるための準備をいつまでもやめようとせず、緑色の寝室にかくれ続けたのです。花は、念を入れて自分の色を選んでいたのでした。ゆっくりとよそおい、花びらを一枚ずつ重ね合わせていたのです。花は、ひなげしのようなしわくちゃの姿では登場したくなかったのです。自分自身の美しさが周囲にまで光りかがやく、そのまぶしさのなかで生まれたかったのです。

そう！　彼女はとてもおしゃれさんでした！　神秘的な身づくろいは何日も何日も続きました。そしてある朝、ちょうど陽がのぼるときに彼女は咲いたのです。

こまやかで完璧なよそおいとなった彼女は、あくびをしながらこう言いました。

「ああ、やっと目がさめましたわ……許してくださいね……あたし、まだ髪もととのえていなくて……」

王子さまは彼女への好意と驚きをおさえることができませんでした。

「きみはなんて美しいんだ！」

J'appris bien vite à mieux connaître cette fleur. Il y avait toujours eu, sur la planète du petit prince, des fleurs très simples, ornées d'un seul rang de pétales, et qui ne tenaient point de place, et qui ne dérangeaient personne. Elles apparaissaient un matin dans l'herbe, et puis elles s'éteignaient le soir. Mais celle-là avait germé un jour, d'une graine apportée d'on ne sait où, et le petit prince avait surveillé de très près cette brindille qui ne ressemblait pas aux autres brindilles. Ça pouvait être un nouveau genre de baobab. Mais l'arbuste cessa vite de croître, et commença de préparer une fleur. Le petit prince, qui assistait à l'installation d'un bouton énorme, sentait bien qu'il en sortirait une apparition miraculeuse, mais la fleur n'en finissait pas de se préparer à être belle, à l'abri de sa chambre verte. Elle choisissait avec soin ses couleurs. Elle s'habillait lentement, elle ajustait un à un ses pétales. Elle ne voulait pas sortir toute fripée comme les coquelicots. Elle ne voulait apparaître que dans le plein rayonnement de sa beauté. Eh ! oui. Elle était très coquette ! Sa toilette mystérieuse avait donc duré des jours et des jours. Et puis voici qu'un matin, justement à l'heure du lever du soleil, elle s'était montrée.

Et elle, qui avait travaillé avec tant de précision, dit en bâillant :

« Ah ! Je me réveille à peine... Je vous demande pardon... Je suis encore toute décoiffée... »

Le petit prince, alors, ne put contenir son admiration :

« Que vous êtes belle !

「そうでしょう」と、花は甘ったるい声で答えました。「だって、あたし、おひさまといっしょに生まれてきたんですもの」

王子さまは、彼女がとてもつつしみ深い、というわけではないことをすぐに見ぬきました。それでも、彼女の美しさはあまりに感動的だったのです。

「あたしが思うに、朝ご飯の時間よね」と、彼女がつぶやきました。

「もしあなたにお心がおありなら、あたしのことも考えてくださらないかしら」

王子さまはすごくドギマギしながらじょうろを取りにいき、冷たい水を花にかけてあげたのでした。

こうして王子さまは、すこし感じやすく、うぬぼれやさんである花によって、しだいに苦しめられるようになっていったのです。

たとえばある日のこと、花は自分の四本のとげのことで、王子さまにこう言いました。

「するどい爪をむきだしにしたトラがきても、とげのおかげで大丈夫ですわ」

「ぼくの星にはトラなんていないよ」と、王子さまが反論しました。

「それに、トラは草なんて食べないよ」

「あたしは、草ではありませんわよ」

花がゆっくりとした口調でそう言いかえしました。

— N'est-ce pas, répondit doucement la fleur. Et je suis née en même temps que le soleil... »

Le petit prince devina bien qu'elle n'était pas trop modeste, mais elle était si émouvante !

« C'est l'heure, je crois, du petit déjeuner, avait-elle bientôt ajouté, auriez-vous la bonté de penser à moi... »

Et le petit prince, tout confus, ayant été chercher un arrosoir d'eau fraîche, avait servi la fleur.

Ainsi l'avait-elle bien vite tourmenté par sa vanité un peu ombrageuse. Un jour, par exemple, parlant de ses quatre épines, elle avait dit au petit prince :

« Ils peuvent venir, les tigres, avec leurs griffes !

— Il n'y a pas de tigres sur ma planète, avait objecté le petit prince, et puis les tigres ne mangent pas d'herbe.

— Je ne suis pas une herbe, avait doucement répondu la fleur.

— Pardonnez-moi...

— Je ne crains rien des tigres, mais j'ai horreur des courants d'air. Vous n'auriez pas un paravent ? »

« Horreur des courants d'air... ce n'est pas de chance, pour une plante, avait remarqué le petit prince. Cette fleur est bien compliquée... »

「あ、ごめんなさい」

「あたし、トラはこわくありませんけれど、吹きつける風がいやなんです。あなた、風よけをお持ちじゃない?」

風がいやだなんて、植物なのにふびんだよなあ。と、王子さまは思いました。この花はずいぶんややこしい性格だなあ、とも思いました。

「夜になったら、ガラスのおおいをあたしにかぶせてくださいね。あなたのところ、とても寒いんです。住むのに向いていないわ。あたしが前にいたところはね……」

でも、花はそこで口をつぐんでしまいました。彼女は種の姿でこの星にやってきたのですから、ほかの世界を知っているはずがなかったのです。見えすいたうそをつこうとしたのがばれてしまったことの恥ずかしさ。花はそれを王子さまのせいにしようとして、わざと二、三度コホンコホンと咳をしました。

「風よけはどうなったのよ?」

「取りにいこうとしたら、きみが話しかけてきたんじゃないか!」

すると花はまたわざとコホンコホンと咳きこみました。どうしても王子さまを後悔させてやりたかったのです。

まっすぐに好意を寄せていたにもかかわらず、小さな王子さまはそのうち花に対してうたがいを持つようになりました。とるにたらない彼女の言葉にゆさぶられ、とても不幸せになってしまったのです。

「彼女の言うことは聞かないほうがよかったのかもしれない」と、ある日王子さまは私に打ちあけました。

「花には耳をかたむけちゃいけないんだ。ながめて、香りをかぐためにあるんだよ。花はぼくの星をいい香りでいっぱいにしてくれた。でも、ぼくはその楽しみかたを知らなかったんだ。トラの爪の話も、ほんとうにいらいらしちゃったけれど、もっとやわらかな気持ちで受けとめてあげるべきだったんだ……」

« Le soir vous me mettrez sous globe. Il fait très froid chez vous. C'est mal installé. Là d'où je viens... »

Mais elle s'était interrompue. Elle était venue sous forme de graine. Elle n'avait rien pu connaître des autres mondes. Humiliée de s'être laissé surprendre à préparer un mensonge aussi naïf, elle avait toussé deux ou trois fois, pour mettre le petit prince dans son tort :

« Ce paravent ?...

— J'allais le chercher mais vous me parliez ! »

Alors elle avait forcé sa toux pour lui infliger quand même des remords.

Ainsi le petit prince, malgré la bonne volonté de son amour, avait vite douté d'elle. Il avait pris au sérieux des mots sans importance, et était devenu très malheureux.

« J'aurais dû ne pas l'écouter, me confia-t-il un jour, il ne faut jamais écouter les fleurs. Il faut les regarder et les respirer. La mienne embaumait ma planète, mais je ne savais pas m'en réjouir. Cette histoire de griffes, qui m'avait tellement agacé, eût dû m'attendrir... »

王子さまは打ちあけ話を続けました。

「つまり、ぼくはなにもわかっていなかったんだ！ 花がぶつけてきた言葉ではなくて、花がしてくれたことで判断するべきだったんだ。彼女はぼくのまわりをいい香りでいっぱいにしてくれたし、ぼくを明るくしてくれた。ぼくは決して逃げだすべきではなかったんだ。つまらない言い草の背後にかくれた花のやさしさに気づくべきだったんだよ。花はとても矛盾しているんだ！ おまけにぼくは幼すぎて、花の愛しかたを知らなかったんだ」

Il me confia encore :

« Je n'ai alors rien su comprendre ! J'aurais dû la juger sur les actes et non sur les mots. Elle m'embaumait et m'éclairait. Je n'aurais jamais dû m'enfuir ! J'aurais dû deviner sa tendresse derrière ses pauvres ruses. Les fleurs sont si contradictoires ! Mais j'étais trop jeune pour savoir l'aimer. »

9

　王子さまは星から旅立つとき、渡り鳥の群れを利用したのだと思います。出ていく日の朝、王子さまは自分の星をきちんとかたづけてきれいにしました。活火山はていねいに煤をはらってやりました。王子さまの星には二つの活火山があったのです。火山は朝ご飯をあたためるのにとても便利でした。しずまった休火山もひとつありました。でも、王子さまは、「このさきどうなるかはだれもわからないよ！」と考えていたので、火の消えたこの火山も同じように煤をはらってやりました。煤をしっかりはらっておけば、火山はおだやかに、そして定期的に火を吐くのです。噴火はしません。火山の噴火は、煤がたまった煙突から火が出るようなものなのです。もちろん、この地球では、火山の煤ばらいをするには私たちはあまりに小さすぎます。地球の火山が噴火して大きな面倒を引き起こすのは、そういうわけなのです。ちょっとゆううつな気持ちになりながら、王子さまは最後のバオバブの芽を引き抜きました。王子さまは、この星には決して戻ってくることはないだろうと思っていたのです。煤はらいも芽を引き抜くのも慣れ親しんでいた作業でしたのに、この朝は胸にせまってきて、せつなくなりました。花に最後の水をあげ、かぶせてあげるガラスのおおいを用意すると、王子さまは泣きたい気持ちになっていることに気がついたのです。

「さよなら」と、王子さまは花に言いました。

Je crois qu'il profita, pour son évasion, d'une migration d'oiseaux sauvages. Au matin du départ il mit sa planète bien en ordre. Il ramona soigneusement ses volcans en activité. Il possédait deux volcans en activité. Et c'était bien commode pour faire chauffer le petit déjeuner du matin. Il possédait aussi un volcan éteint. Mais, comme il disait, « On ne sait jamais ! » Il ramona donc également le volcan éteint. S'ils sont bien ramonés, les volcans brûlent doucement et régulièrement, sans éruptions. Les éruptions volcaniques sont comme des feux de cheminée. Évidemment sur notre terre nous sommes beaucoup trop petits pour ramoner nos volcans. C'est pourquoi ils nous causent des tas d'ennuis.

Le petit prince arracha aussi, avec un peu de mélancolie, les dernières pousses de baobabs. Il croyait ne jamais devoir revenir. Mais tous ces travaux familiers lui parurent, ce matin-là, extrêmement doux. Et, quand il arrosa une dernière fois la fleur, et se prépara à la mettre à l'abri sous son globe, il se découvrit l'envie de pleurer.

« Adieu », dit-il à la fleur.

活火山の煤をていねいにはらってやりました。

Il ramona soigneusement ses volcans en activité.

でも、花からの返事はありませんでした。

「さよなら」と、王子さまは繰りかえしました。

花はそこでコホンと咳をしました。でも、風邪をひいたせいではありませんでした。

「あたしがばかだったわ」

ようやく花が王子さまに語りかけました。

「許してちょうだいね。あなた、がんばって幸せになってね」

王子さまは驚きました。自分を責める言葉がなかったからです。王子さまはどうしたらいいのかわからなくなり、ガラスのおおいを手に持ったまま立ちつくしてしまいました。花がやさしくおだやかであることが、王子さまには理解できなかったのです。

「だって、あたし、あなたを愛しているの」と、花は彼につげました。「あなたはなにもわかっていなかった。それは、あたしがわるかったの。ええ、もう、どうでもいいことだけれど。でも、あなただって、あたしと同じくらいばかよ。がんばって幸せになってね。ガラスのおおいはそこにそっと置いておいて。もういらないから」

「でも、風が吹いたら……」

「そんなに具合がわるいってわけじゃないわ。夜の冷たい風が、あたしを元気にしてくれる。だって、あたし、花なのよ」

「でも、虫がやってきたりしたら……」

「チョウに会いたいなら、アオムシの二匹や三匹は受けいれてあげなきゃ。チョウ、ほんとうにきれいでしょうね。だって、チョウ以外のだれがあたしに会いにきてくれるというの。あなたは遠くに行くんでしょう。大きな動物がきても、あたしは大丈夫。あたしだって、爪を持っているわ」

花は無邪気に四本のとげを見せました。そしてこう言ったのです。

「そんなふうに未練がましくしていないでよ。いらつくわね。あなた、行くと決めたんでしょう。行きなさいよ!」

彼女は泣いているところを王子さまに見られたくなかったのです。ほんとうに自尊心の強い花だったのです。

Mais elle ne lui répondit pas.

« Adieu », répéta-t-il.

La fleur toussa. Mais ce n'était pas à cause de son rhume.

« J'ai été sotte, lui dit-elle enfin. Je te demande pardon. Tâche d'être heureux. »

Il fut surpris par l'absence de reproches. Il restait là tout déconcerté, le globe en l'air. Il ne comprenait pas cette douceur calme.

« Mais oui, je t'aime, lui dit la fleur. Tu n'en as rien su, par ma faute. Cela n'a aucune importance. Mais tu as été aussi sot que moi. Tâche d'être heureux… Laisse ce globe tranquille. Je n'en veux plus.

— Mais le vent…

— Je ne suis pas si enrhumée que ça… L'air frais de la nuit me fera du bien. Je suis une fleur.

— Mais les bêtes…

— Il faut bien que je supporte deux ou trois chenilles si je veux connaître les papillons. Il paraît que c'est tellement beau. Sinon qui me rendra visite ? Tu seras loin, toi. Quant aux grosses bêtes, je ne crains rien. J'ai mes griffes. »

Et elle montrait naïvement ses quatre épines. Puis elle ajouta :

« Ne traîne pas comme ça, c'est agaçant. Tu as décidé de partir. Va-t'en. »

Car elle ne voulait pas qu'il la vît pleurer. C'était une fleur tellement orgueilleuse…

　王子さまは、小惑星３２５、３２６、３２７、３２８、３２９、それから３３０のあたりにたどり着きました。そして仕事をさがしたり、ものごとを学んだりするために、それらの星をたずねてみることにしたのです。

最初にたずねた星には、王さまが住んでいました。王さまは緋色の衣装とオコジョの白い毛皮をまとい、簡単なつくりだけれど荘厳なおもむきの玉座にすわり、堂々としていました。

「おお、家来がきよったわ！」王子さまを見かけると、王さまはさけびました。王子さまはおかしいなと思いました。

「どうしてぼくのことを家来だと思ったのだろう。これまで会ったことがないのに」

王子さまは知らなかったのです。王さまたちにとって、世の中がすごく単純にできているということを。自分以外のすべての人間は、王さまたちの家来なのです。

「近くに寄るがよいわ。もっと、そちの顔がよく見えるようにのう」と、王さまは言いました。ついに家来があらわれ、王としてふるまえる。王さまはそのほこりで胸がぱんぱんにふくらんでいるのです。

王子さまはあたりを見回してすわる場所をさがそうとしましたが、王さまのおごそかな毛皮のマントが星をおおっています。しかたがないので王子さまは立っていました。そして疲れていたために、あくびをしてしまったのです。

「こりゃ、礼儀に反しておるぞ。王であるわしの目の前であくびをするとは」

この君主は、王子さまに言いはなちました。

「わしは、そちにあくびすることを禁ずる」

「我慢できなかったのです」と、小さな王子さまはさらに小さくなって答えました。

「長い旅をしていたのです。寝ていなかったもので……」

「それなら」と王さまは言いました。「わしはそちに、あくびすることを命ずる。もうずいぶんと長いあいだ、わしはあくびをする人間を見ていないのじゃ。わしにとってあくびはおもしろい見せ物じゃ！　さあ、やれ！　もう一回あくびをするがよい。これは命令じゃ」

Il se trouvait dans la région des astéroïdes 325, 326, 327, 328, 329 et 330. Il commença donc par les visiter pour y chercher une occupation et pour s'instruire.

　Le premier était habité par un roi. Le roi siégeait, habillé de pourpre et d'hermine, sur un trône très simple et cependant majestueux.

　« Ah ! Voilà un sujet ! » s'écria le roi quand il aperçut le petit prince. Et le petit prince se demanda :

　« Comment peut-il me reconnaître puisqu'il ne m'a encore jamais vu ! »

　Il ne savait pas que, pour les rois, le monde est très simplifié. Tous les hommes sont des sujets.

　« Approche-toi que je te voie mieux », lui dit le roi qui était tout fier d'être enfin roi pour quelqu'un.

　Le petit prince chercha des yeux où s'asseoir, mais la planète était tout encombrée par le magnifique manteau d'hermine. Il resta donc debout, et, comme il était fatigué, il bâilla.

　« Il est contraire à l'étiquette de bâiller en présence d'un roi, lui dit le monarque. Je te l'interdis.

　— Je ne peux pas m'en empêcher, répondit le petit prince tout confus. J'ai fait un long voyage et je n'ai pas dormi...

　— Alors, lui dit le roi, je t'ordonne de bâiller. Je n'ai vu personne bâiller depuis des années. Les bâillements sont pour moi des curiosités. Allons ! bâille encore. C'est un ordre.

「そんな、おそれおおくて……もうできません」王子さまは真っ赤になってしまいました。

「うむ、うむ。それなら、わしはそちに命ずる。ときにはあくびをし、ときには……」

王さまはそこですこし口ごもりました。気をわるくしたようにも見えました。なぜなら王さまは、自身の権威がたいせつにされることをなによりものぞんでいたからです。自分に従わないなんて許しがたかったのです。とにかく、絶対に従ってもらいたいのが王というものなのです。ただ、王さまはすごく良い性格をしていましたので、理屈の通らない命令はしませんでした。

「もし、わしが命じたとして」と、王さまはよどみなく言いはじめました。

「もし、わしが将軍に、海鳥にかわるように命じたとしてじゃ。それで将軍が従わなかったら、それは将軍がわるいのでない。わしのあやまちなのじゃ」

「ぼく、すわっていいですか?」王子さまがおどおどしながらたずねました。

「わしは、そちにすわることを命ずる」

毛皮のマントのすそを堂々としたそぶりで引き寄せ、王さまはそう言いました。王子さまはそこでびっくりぎょうてんしました。星がとても小さかったのです。こんなにちっぽけな星で、王さまはなにを支配しているのでしょう。

「陛下」と王子さまは呼びかけました。「失礼ですが、質問してもいいですか?」

「そちがわしに質問することを命ずる」と、王さまは急いで言いました。

「陛下、いったいなにを統治なさっているのですか?」

「すべてじゃ」と、王さまはいっさいの迷いなく答えました。

「すべて、ですか?」

王さまはひかえめな仕草で、自分の星とまわりの星々、そして夜空のすべての星々を指さしてみせました。そして、「そう。このすべてじゃ」と、答えたのです。なぜなら、王さまはこの星の王であるだけではなく、宇宙全体の王でもあるからです。

— Ça m'intimide... je ne peux plus... , fit le petit prince tout rougissant.

— Hum ! Hum ! répondit le roi. Alors je... je t'ordonne tantôt de bâiller et tantôt de... »

Il bredouillait un peu et paraissait vexé. Car le roi tenait essentiellement à ce que son autorité fût respectée. Il ne tolérait pas le désobéissance. C'était un monarque absolu. Mais comme il était très bon, il donnait des ordres raisonnables.

« Si j'ordonnais, disait-il couramment, si j'ordonnais à un général de se changer en oiseau de mer, et si le général n'obéissait pas, ce ne serait pas la faute du général. Ce serait ma faute. »

« Puis-je m'asseoir ? s'enquit timidement le petit prince.

— Je t'ordonne de t'asseoir », lui répondit le roi, qui ramena majestueusement un pan de son manteau d'hermine.

Mais le petit prince s'étonnait. La planète était minuscule. Sur quoi le roi pouvait-il bien régner ?

« Sire, lui dit-il... je vous demande pardon de vous interroger...

— Je t'ordonne de m'interroger, se hâta de dire le roi.

— Sire... sur quoi régnez-vous ?

— Sur tout, répondit le roi, avec une grande simplicité.

— Sur tout ? »

Le roi d'un geste discret désigna sa planète, les autres planètes et les étoiles.

« Sur tout ça ? dit le petit prince.

— Sur tout ça... », répondit le roi.

「それなら、星々もみな、王さまに従うのですね？」

「当たり前じゃ」と、王さまは王子さまに言いました。「星々もみな従うわい。わしに従わんなど、わしは許さん」

それほどまでの権力なのかと、王子さまは感服してしまいました。もし王子さま自身がその力を持っていたなら、一日四十四回どころか、七十二回だって、いや、百回だって二百回だって夕陽を見ることができたでしょう。しかも椅子をずらすことなく！　そう考えると、王子さまは自分があとにしてきた星の思い出につつまれ、すこしかなしい気分になってしまいました。そこで、大胆にも王さまにおねがいごとをしてみたのです。

Car non seulement c'était un monarque absolu mais c'était un monarque universel.

« Et les étoiles vous obéissent ?

— Bien sûr, lui dit le roi. Elles obéissent aussitôt. Je ne tolère pas l'indiscipline. »

Un tel pouvoir émerveilla le petit prince. S'il l'avait détenu lui-même, il aurait pu assister, non pas à quarante-quatre, mais à soixante-douze, ou même à cent, ou même à deux cents couchers de soleil dans la même journée, sans avoir jamais à tirer sa chaise ! Et comme il se sentait un peu triste à cause du souvenir de sa petite planète abandonnée, il s'enhardit à solliciter une grâce du roi :

「ぼくは夕陽が見たいのです……おねがいです……太陽にしずむように命じてくれませんか……」

「もし、わしが将軍に向かって、花から花へとチョウのように飛べと命じたら、または悲劇の脚本を書けと命じたら、あるいは海鳥に変身しろと命じたら、そしてその命令を将軍が実行できなかったとしたらじゃ、あやまっているのは将軍であろうか、わしであろうか?」

「それは陛下です」と、王子さまは自信をもって答えました。

「そのとおりじゃ。それぞれができることを、それぞれに要求せねばならぬわい」と王さまは語りました。

「権威というものは、まず、理屈にかなうことで成り立つのじゃ。もし、そちが人々に向かって海に飛びこめと命じたら、そちを倒すための革命が起こるだろうて。わしに従えとみなに要求できるのは、わしの命令が理屈にかなっているからなのじゃ」

「それで、ぼくの夕陽はどうなりますか?」と、王子さまはまたそこへ話を戻しました。一度した質問を、王子さまは絶対に忘れないのです。

「そちの夕陽か。それはそちのものだわい。わしが太陽に命じよう。だが、今ではない。わしはわしの統治の方法で、そのときを待つのだ。条件がととのうときをのう」

「それはいつなんですか?」と、王子さまは聞きました。

「うむ! うむ!」と、王さまはまず大きなカレンダーを見ました。「うむ! うむ! それはおそらく……おそらく……今夜の七時四十分くらいじゃのう。そのとき、太陽がわしによく従っておるのをそちは見るであろう」

王子さまはあくびをしました。目の前に夕陽がないのを残念だと思いました。そしてもはや、退屈だなあと感じはじめたのです。

「ぼく、もうここではなにもすることがなくなっちゃいました」と、王子さまは王さまに言いました。「ぼく、もう行きますね!」

「行ってはいかん」と、家来を得たほこりで胸がぱんぱんにふくらんでいた王さまは言いました。「行ってはいかん。そちを大臣にしよう!」

« Je voudrais voir un coucher de soleil... Faites-moi plaisir... Ordonnez au soleil de se coucher...

— Si j'ordonnais à un général de voler d'une fleur à l'autre à la façon d'un papillon, ou d'écrire une tragédie, ou de se changer en oiseau de mer, et si le général n'exécutait pas l'ordre reçu, qui, de lui ou de moi, serait dans son tort ?

— Ce serait vous, dit fermement le petit prince.

— Exact. Il faut exiger de chacun ce que chacun peut donner, reprit le roi. L'autorité repose d'abord sur la raison. Si tu ordonnes à ton peuple d'aller se jeter à la mer, il fera la révolution. J'ai le droit d'exiger l'obéissance parce que mes ordres sont raisonnables.

— Alors mon coucher de soleil ? rappela le petit prince qui jamais n'oubliait une question une fois qu'il l'avait posée.

— Ton coucher de soleil, tu l'auras. Je l'exigerai. Mais j'attendrai, dans ma science du gouvernement, que les conditions soient favorables.

— Quand ça sera-t-il ? s'informa le petit prince.

— Hem ! Hem ! lui répondit le roi, qui consulta d'abord un gros calendrier, hem ! hem ! ce sera, vers... vers... ce sera ce soir vers sept heures quarante ! Et tu verras comme je suis bien obéi. »

Le petit prince bâilla. Il regrettait son coucher de soleil manqué. Et puis il s'ennuyait déjà un peu :

« Je n'ai plus rien à faire ici, dit-il au roi. Je vais repartir !

— Ne pars pas, répondit le roi qui était si fier d'avoir un sujet. Ne pars pas, je te fais ministre ! »

「大臣って、なんの?」

「うーむ……法務大臣じゃ!」

「でも、裁判を受ける人なんて、ここにはいませんよ!」

「そりゃわからんわい」と王さまは答えました。

「わしはまだ、わしの王国をひとまわりしたことがないのじゃ。わしは年をとりすぎた。ここには四輪馬車を置く場所もないしのう。歩いてまわれば疲れるわい」

「あれ! ぼく、もう王国を見ちゃいましたよ」と王子さまは言い、体をかたむけてこの星の裏側をふたたびちらりとのぞきました。「あっちにもだれもいませんよ」

「ならば、そちはそち自身をさばけばよい」王さまは王子さまにそう言いました。「それがもっともむずかしいことじゃ。他人をさばくよりも、自分をさばくほうがずっとむずかしいのじゃ。もしもそちが自分自身をきっちりさばけたら、そちはほんとうの賢者ということになるわい」

「ぼくは」と、王子さまは言いました。「ぼくはどこにいたって、自分をさばけると思いますよ。この星にいる必要はないです」

「うむ! うむ! わしが思うに、この星のどこかに年老いたネズミが一匹住み着いておるんじゃ。夜になるとやつの足音が聞こえるからのう。そちは、この老いぼれネズミをさばくがよいわ。ときどき、死刑だと言ってやればよい。そうなれば、やつの命はそちのさばきしだいということになる。だが、そのたびに特別に許してやることじゃ。ネズミは一匹しかおらんのだから、大事にせねばならん」

「ぼくは」と王子さまは言いました。「死刑なんて宣告するの、いやです。ぼく、もう行ったほうがいいと思います」

「だめじゃ」と王さまが言いはりました。

王子さまは旅立つ用意ができていましたが、この老いた王さまを苦しめたいとはちっとも思いませんでした。

「皇帝陛下、もし陛下の命令がきっちり守られることをのぞみでしたら、理屈にかなった命令をぼくに与えてくださいますか。たとえば、一分以内に旅立て、なんて命令をしてくださいますか。条件はととのっております……」

— Ministre de quoi ?

— De... de la Justice !

— Mais il n'y a personne à juger !

— On ne sait pas, lui dit le roi. Je n'ai pas fait encore le tour de mon royaume. Je suis très vieux, je n'ai pas de place pour un carrosse, et ça me fatigue de marcher.

— Oh ! Mais j'ai déjà vu, dit le petit prince qui se pencha pour jeter encore un coup d'œil sur l'autre côté de la planète. Il n'y a personne là-bas non plus...

— Tu te jugeras donc toi-même, lui répondit le roi. C'est le plus difficile. Il est bien plus difficile de se juger soi-même que de juger autrui. Si tu réussis à bien te juger, c'est que tu es un véritable sage.

— Moi, dit le petit prince, je puis me juger moi-même n'importe où. Je n'ai pas besoin d'habiter ici.

— Hem ! Hem ! dit le roi, je crois bien que sur ma planète il y a quelque part un vieux rat. Je l'entends la nuit. Tu pourras juger ce vieux rat. Tu le condamneras à mort de temps en temps. Ainsi sa vie dépendra de ta justice. Mais tu le gracieras chaque fois pour l'économiser. Il n'y en a qu'un.

— Moi, répondit le petit prince, je n'aime pas condamner à mort, et je crois bien que je m'en vais.

— Non », dit le roi.

Mais le petit prince, ayant achevé ses préparatifs, ne voulut point peiner le vieux monarque :

« Si votre Majesté désirait être obéie ponctuellement, Elle pourrait me donner un ordre raisonnable. Elle pourrait m'ordonner, par exemple, de partir avant une minute. Il me semble que les conditions sont favorables... »

王さまはひとことも答えませんでした。王子さまはすこしためらいましたが、ため息をつきながら出発しようとしました。すると、王さまはあわててさけんだのでした。
「そちを、わしの外交大使に任命しよう」王さまは堂々として、威厳に満ちて見えました。
「大人って、すごくへんだな」王子さまは旅を続けながら、そうつぶやきました。

Le roi n'ayant rien répondu, le petit prince hésita d'abord, puis, avec un soupir, prit le départ...

« Je te fais mon ambassadeur », se hâta alors de crier le roi. Il avait un grand air d'autorité.

« Les grandes personnes sont bien étranges », se dit le petit prince, en lui même, durant son voyage.

11

二番目の星には、みえっぱりのうぬぼれ男が住んでいました。「ああ、ほら、ついにやってきたぜ！ このおれをほめたたえるやつが！」 遠くから王子さまを見かけるなり、うぬぼれ男はそうさけびました。というのも、うぬぼれ男にとっては、すべての人間は自分をほめたたえるためにいるのです。

「こんにちは」と王子さまは言いました。「かわった帽子をかぶっていますね」

「これはあいさつをするための帽子なんだぜ」と、うぬぼれ男は返事をしました。

「拍手喝采されると、この帽子をつかってこたえるんだぜ。ただ、おしいことに、だれ一人ここを通らないんだけどな」

「ああ？ はい？」と、わけがわからなくなった王子さまは聞きかえしました。

La seconde planète était habitée par un vaniteux : « Ah ! Ah ! Voilà la visite d'un admirateur ! » s'écria de loin le vaniteux dès qu'il aperçut le petit prince. Car, pour les vaniteux, les autres hommes sont des admirateurs.

« Bonjour, dit le petit prince. Vous avez un drôle de chapeau.

— C'est pour saluer, lui répondit le vaniteux. C'est pour saluer quand on m'acclame. Malheureusement il ne passe jamais personne par ici.

— Ah oui ? dit le petit prince qui ne comprit pas.

「片方の手に、もう片方の手をぶちあてればいいんだぜ」

うぬぼれ男は王子さまに拍手喝采の方法を教えてあげました。王子さまは片方の手ともう片方の手を打ち合わせ、ぱちぱちと叩いてみました。するとうぬぼれ男は帽子を頭の上にあげ、ちょっとひかえめな感じのあいさつをしてみせました。

「これは、王さまの星をたずねるよりおもしろいや」と、王子さまは胸のなかで思いました。そして片方の手ともう片方の手をまたぱちぱちと打ち鳴らしはじめました。うぬぼれ男も帽子を取ってふたたびあいさつを続けます。

五分ほどもやっていると、王子さまはかわりばえのないこの遊びにあきてしまいました。

「ねえ、その帽子を落とすには、どうしたらいいの?」

だが、うぬぼれ男は返事をしませんでした。うぬぼれ男の耳には自分をほめたたえる言葉しか入らないのです。

「お前な、おれのことをほんとうに盛大にほめたたえているのか? 」うぬぼれ男は王子さまにたずねました。

「ほめたたえるって、どういうこと?」

「ほめたたえるってのは、おれがこの星で一番美しくて、一番おしゃれさんで、一番金持ちで、一番教養があるってことを、みとめるってことだぜ」

「でも、この星にはあなた一人だけしかいませんよね」

「それでも、おれをよろこばせてほしいんだぜ。おれをほめたたえてくれ!」

「ぼく、あなたをほめたたえますよ」と王子さまは肩をすくめながら言いました。「でも、いったいこれのどこがおもしろいの?」

そして王子さまはこの星を旅立ちました。

「大人って、もう絶対にへんだよなあ」王子さまは旅を続けながら、そうつぶやくのでした。

 — Frappe tes mains l'une contre l'autre », conseilla donc le vaniteux.

 Le petit prince frappa ses mains l'une contre l'autre. Le vaniteux salua modestement en soulevant son chapeau.

 « Ça c'est plus amusant que la visite au roi », se dit en lui même le petit prince. Et il recommença de frapper ses mains l'une contre l'autre. Le vaniteux recommença de saluer en soulevant son chapeau.

 Après cinq minutes d'exercice le petit prince se fatigua de la monotonie du jeu :

 « Et, pour que le chapeau tombe, demanda-t-il, que faut-il faire ? »

 Mais le vaniteux ne l'entendit pas. Les vaniteux n'entendent jamais que les louanges.

 « Est-ce que tu m'admires vraiment beaucoup ? demanda-t-il au petit prince.

 — Qu'est-ce que signifie ‹ admirer › ?

 — ‹ Admirer › signifie reconnaître que je suis l'homme le plus beau, le mieux habillé, le plus riche et le plus intelligent de la planète.

 — Mais tu es seul sur ta planète !

 — Fais-moi ce plaisir. Admire-moi quand-même !

 — Je t'admire, dit le petit prince, en haussant un peu les épaules, mais en quoi cela peut-il bien t'intéresser ? »

 Et le petit prince s'en fut.

 « Les grandes personnes sont décidément bien bizarres », se dit-il simplement en lui-même durant son voyage.

12

次の星には、一人の飲んだくれが住んでいました。王子さまがこの星にいた時間
はとても短かったのです。でも、ここをおとずれたために、王子さまはひどく落ちこんだ
気分になりました。
「そこでなにをしているの?」と、王子さまは飲んだくれにたずねました。空のビンと酒のたっぷ
り入ったビンがずらずらと並ぶ前で、飲んだくれはただだまってすわっていました。
「酒を飲んでるのですがな」と、飲んだくれはじめっと陰気に答えました。
「なんで飲んでるの?」と王子さまは飲んだくれに聞きました。
「忘れるためですがな」と飲んだくれは答えました。

La planète suivante était habitée par un buveur. Cette visite fut très courte, mais elle plongea le petit
prince dans une grande mélancolie :

    « Que fais-tu là ? dit-il au buveur, qu'il trouva installé en silence devant une collection de bouteilles
vides et une collection de bouteilles pleines.

    — Je bois, répondit le buveur, d'un air lugubre.

    — Pourquoi bois-tu ? lui demanda le petit prince.

    — Pour oublier, répondit le buveur.

「なにを忘れるためなの？　」と王子さまは聞きました。すでに王子さまは、この男に同情していたのです。

「恥ずかしいってことを、忘れるためですがな」

飲んだくれは、頭を落としてうなだれながらそう打ちあけました。

「なにが恥ずかしいの？」　王子さまはこの男を助けてやりたくなり、そうたずねたのです。

「酒を飲むのが、恥ずかしいのですがな！」　男はそう言って王子さまとの会話を断ちきると、それを最後にすっかりだまりこんでしまいました。

王子さまは頭が混乱したまま、この星を去りました。

「大人ってやっぱり、絶対にすごくすごくへんだよ」旅を続けながら、王子さまはそうつぶやきました。

— Pour oublier quoi ? s'enquit le petit prince qui déjà le plaignait.

— Pour oublier que j'ai honte, avoua le buveur en baissant la tête.

— Honte de quoi ? s'informa le petit prince qui désirait le secourir.

— Honte de boire ! » acheva le buveur qui s'enferma définitivement dans le silence.

Et le petit prince s'en fut, perplexe.

« Les grandes personnes sont décidément très très bizarres », se disait-il en lui-même durant le voyage.

13

四番目は、実業家の星でした。実業家はとてもいそがしくて、王子さまが到着しても顔をあげないほどでした。

「こんにちは」と、王子さまは実業家に言いました。「たばこの火が消えてますよ」

「三たす二は五や。五たす七は十二やろ。十二たす三は十五やんか。ああ、こんにちは。十五たす七は二十二や。二十二たす六は二十八や。たばこに火をつける時間もあらへんの。二十六たす五で三十一やろう。よっしゃ！　ほんなら五億百六十二万二千七百三十一いうことになるわ」

「五億のなに？」

「なんや？　まだそこにおったんかいな？　それはな、五億……ああ、もうわからへんようになってしもうた……とにかく、そんだけようさん仕事があるねん！　こっちはまじめにやっとるんやで！　おれはな、むだな話でよろこぶ人間とちゃうねん！　二たす五で七やろう……」

La quatrième planète était celle du businessman. Cet homme était si occupé qu'il ne leva même pas la tête à l'arrivée du petit prince.

« Bonjour, lui dit celui-ci. Votre cigarette est éteinte.

— Trois et deux font cinq. Cinq et sept douze. Douze et trois quinze. Bonjour. Quinze et sept vingt-deux. Vingt-deux et six vingt-huit. Pas temps de la rallumer. Vingt-six et cinq trente et un. Ouf ! Ça fait donc cinq cent un millions six cent vingt-deux mille sept cent trente et un.

— Cinq cents millions de quoi ?

— Hein ? Tu es toujours là ? Cinq cent un millions de… je ne sais plus… J'ai tellement de travail ! Je suis sérieux, moi, je ne m'amuse pas à des balivernes ! Deux et cinq sept…

「五億のなに?」

一度聞いたら、その質問を絶対にあきらめない王子さまはそう繰りかえしました。

実業家は顔をあげました。

「五十四年前からこの星に住んどるけどな、仕事のじゃまをされたんは三回しかないわ。一回目は二十二年前や。コガネムシがどこかから落っこちてきよって、ぶんぶんぶんぶん飛び回ってのう。やかましいてやかましいて、足し算しとって四ヶ所もまちがえてしもうた。二回目は十一年前や。リューマチがしんどうてな。おれな、運動不足やねん。そのへんぶらつくひまもあらへんわ。ほんま、まじめなんやで、おれ。それで三回目はな……今や! お前や! それで、五億なんぼや……」

— Cinq cent un millions de quoi ? » répéta le petit prince qui jamais de sa vie n'avait renoncé à une question, une fois qu'il l'avait posée. Le businessman leva la tête :

« Depuis cinquante-quatre ans que j'habite cette planète-ci, je n'ai été dérangé que trois fois. La première fois ç'a été, il y a vingt-deux ans, par un hanneton qui était tombé Dieu sait d'où. Il répandait un bruit épouvantable, et j'ai fait quatre erreurs dans une addition. La seconde fois ç'à été, il y a onze ans, par une crise de rhumatisme. Je manque d'exercice. Je n'ai pas le temps de flâner. Je suis sérieux, moi. La troisième fois... la voici ! Je disais donc cinq cent un millions...

「五億のなに?」
実業家は、平穏な時間はまったく期待できないということをそこで理解しました。
「お空にときどき見える、何億ものちっこいやつやんか」
「ハエ?」
「ちゃう。きらきら光るちっこいやつや」
「ミツバチ?」
「アホな。金色に光るちっこいのやで。なまけ者に夢を見さす、あれやんか。そやけどおれはまじめやから、夢見てるひまはあらへんけどな」
「ああ!　星のこと?」
「そうや、決まってるやん。星やで」
「それで、五億の星をどうするの?」
「五億百六十二万二千七百三十一の星や。おれはまじめやねん。正確でもあるわな」
「五億の星をどうするの?」
「おれがどうするんかって?」
「うん」
「なんもせえへん。おれは星を所有してるねん」
「星々を、所有しているの?」
「そうや」
「でも、ぼくは王さまに会ったことがあるけれど、彼は……」
「王さまは所有なんてせえへん。王さまいうもんはな、『統治』するねん。そりゃ、ごっついちがいやで」

— Millions de quoi ? »
Le businessman comprit qu'il n'était point d'espoir de paix :
« Millions de ces petites choses que l'on voit quelquefois dans le ciel.
— Des mouches ?
— Mais non, des petites choses qui brillent.
— Des abeilles ?
— Mais non. Des petites choses dorées qui font rêvasser les fainéants. Mais je suis sérieux, moi ! Je n'ai pas le temps de rêvasser.
— Ah ! des étoiles ?
— C'est bien ça. Des étoiles.
— Et que fais-tu de cinq cents millions d'étoiles ?
— Cinq cent un millions six cent vingt-deux mille sept cent trente et un. Je suis sérieux, moi, je suis précis.
— Et que fais-tu de ces étoiles ?
— Ce que j'en fais ?
— Oui.
— Rien. Je les possède.
— Tu possèdes les étoiles ?
— Oui.
— Mais j'ai déjà vu un roi qui...
— Les rois ne possèdent pas. Ils ‹ règnent › sur. C'est très différent.

「それで、星を所有すると、なんの役に立つの?」

「お金持になるのに役立つやんか」

「お金持になると、なんの役に立つの?」

「また他の星を買えるやん。だれかが新しい星を見つけたら」

「この人ったら」と、王子さまは胸のなかでささやきました。「前に会った酔っぱらいとちょっと似たような理屈をこねるなあ」

それでもふたたび、王子さまは問いかけました。

「どうやって星を所有するの?」

「星はだれのもんやと思う?」

実業家は気むずかしい顔ですぐに言いかえしました。

「わからない。だれのものでもないよ」

「それやったら、星々はやっぱりおれのもんや。なんでかいうとな、おれがいっとう最初に、星を所有するいうことを思いついたからや」

「それだけでいいの?」

「もちろんやで。だれのもんでもないダイヤモンドをお前が発見したら、そのダイヤモンドはお前のもんや。だれのもんでもない島をお前が発見したら、その島はお前のもんやんか。なにかグッドアイデアをお前が最初に考えだしたら、特許を取ればええねん。お前のもんなんやからな。ほんでもっておれは、星々を所有してるねん。なんでかいうたら、おれの前には星を所有しようなんて思いついたやつは一人もおらんかったからや」

「それは、そうだろうけれど」と王子さまは言いました。「それで、星々をどうするの?」

「管理するねん。星を数えてな、そんでまた数えて」と、実業家は言いました。

「そりゃ、むずかしいんで。そやけど、おれはまじめな人間やからできるねん!」

— Et à quoi cela te sert-il de posséder les étoiles ?

— Ça me sert à être riche.

— Et à quoi cela te sert-il d'être riche ?

— À acheter d'autres étoiles, si quelqu'un en trouve. »

« Celui-là, se dit en lui-même le petit prince, il raisonne un peu comme mon ivrogne. »

Cependant il posa encore des questions :

« Comment peut-on posséder les étoiles ?

— À qui sont-elles ? riposta, grincheux, le businessman.

— Je ne sais pas. À personne.

— Alors elles sont à moi, car j'y ai pensé le premier.

— Ça suffit ?

— Bien sûr. Quand tu trouves un diamant qui n'est à personne, il est à toi. Quand tu trouves une île qui n'est à personne, elle est à toi. Quand tu as une idée le premier, tu la fais breveter : elle est à toi. Et moi je possède les étoiles, puisque jamais personne avant moi n'a songé à les posséder.

— Ça c'est vrai, dit le petit prince. Et qu'en fais-tu ?

— Je les gère. Je les compte et je les recompte, dit le businessman. C'est difficile. Mais je suis un homme sérieux ! »

王子さまはまだ納得していませんでした。

「ぼくは思うんだけど、もしスカーフを所有していたら、それを首に巻いて持っていけるよ。もし花を所有していたら、それをつんで持っていける。でも、星はそんなふうに手に取れないよ!」

「そりゃできへんで。そやけど、銀行に置いておくことはできるわ」

「どういう意味?」

「どういうことかいうとやな、紙切れに星の数を書き入れるねん。そんでその紙を引き出しに入れて鍵かけとくねん」

「それだけ?」

「それでええねん!」

「おもしろいなあ」と王子さまは思いました。「すごく詩のようだなあ。でも、あまりまじめではないなあ」

王子さまは、まじめということについて、大人とはかなりちがった考えを持っているのです。

「ぼくは」と王子さまは言いました。「花を一輪持っているんだ。毎日水をあげる花だよ。それから毎週煤をはらう火山を三つ持っている。だって、火の消えた火山も煤はらいをするからね。いつ噴火するかわからないし。それで、煤はらいは火山の役に立っているし、水をあげるのは花のためだよ。所有するってそういうことじゃないかな。でも、あなたは星のためになっていないよね……」

実業家は口を開きましたが、言いかえす言葉は思いつきませんでした。王子さまはこの星から旅立ちました。

「大人って、もうほんとうに、ものすごくへんだよ」

王子さまは絶対にそうだもんねと思いながら、旅を続けました。

Le petit prince n'était pas satisfait encore.

« Moi, si je possède un foulard, je puis le mettre autour de mon cou et l'emporter. Moi, si je possède une fleur, je puis cueillir ma fleur et l'emporter. Mais tu ne peux pas cueillir les étoiles !

— Non, mais je puis les placer en banque.

— Qu'est-ce que ça veut dire ?

— Ça veut dire que j'écris sur un petit papier le nombre de mes étoiles. Et puis j'enferme à clef ce papier-là dans un tiroir.

— Et c'est tout ?

— Ça suffit ! »

« C'est amusant, pensa le petit prince. C'est assez poétique. Mais ce n'est pas très sérieux. »

Le petit prince avait sur les choses sérieuses des idées très différentes des idées des grandes personnes.

« Moi, dit-il encore, je possède une fleur que j'arrose tous les jours. Je possède trois volcans que je ramone toutes les semaines. Car je ramone aussi celui qui est éteint. On ne sait jamais. C'est utile à mes volcans, et c'est utile à ma fleur, que je les possède. Mais tu n'es pas utile aux étoiles... »

Le businessman ouvrit la bouche mais ne trouva rien à répondre, et le petit prince s'en fut.

« Les grandes personnes sont décidément tout à fait extraordinaires », se disait-il simplement en lui-même durant le voyage.

14

　五番目の星はとてもかわっていて、王子さまの心をひきつけました。ここは、これまでのどんな星よりも小さかったのです。たった一本の街燈と、その街燈に灯をともしたり消したりするランプ係が一人。それだけでいっぱいになってしまう星だったのです。王子さまはこの星について、どうしてなんだろう？　と考え続けましたが、納得のいく答えを見つけることができませんでした。お空のどこかの、家も住人もいない星の上です。そんなところで、一本の街燈とそこに灯をともしたり消したりする人がいったいなんの役に立つというのでしょう。それで、王子さまはこう思ってみることにしました。

「たぶんこの人は、ばかげたことをやっているんだ。でも、王さまやうぬぼれ男、実業家や飲んだくれよりおかしくはない。すくなくとも、この人の仕事には意味がある。街燈に灯をともせば、新しい星がひとつ生まれるみたいだ。一輪の花が咲くみたいだ。街燈の灯を消せば、花や星をねむらせるみたいだし。これはとてもステキな仕事だよ。そしてほんとうに役に立つ。だって、ステキなんだから」

星に到着すると、王子さまは敬意をもって、ランプ係にあいさつをしました。

「こんにちは。あの、今、どうしてあなたは街燈の灯を消したのですか？」

「そりゃ、命令だっぺよ」と、ランプ係は答えました。「これで、おはようさん、だな」

「命令って、どういうこと？」

「おらの街燈の灯を消すことだっぺ。これで、こんばんは、だな」

そして彼はまた灯をともしたのです。

「でも、どうしてまた灯をともしたの？」

「だから、命令だっぺよ」と、ランプ係は答えました。

「ぼく、わけがわかんないや」と王子さまは言いました。

「わけなんて、ねえっぺ」と、ランプ係が答えました。「命令ったら、命令だっぺ。これで、おはようさん、だな」

La cinquième planète était très curieuse. C'était la plus petite de toutes. Il y avait là juste assez de place pour loger un réverbère et un allumeur de réverbères. Le petit prince ne parvenait pas à s'expliquer à quoi pouvaient servir, quelque part dans le ciel, sur une planète sans maison ni population, un réverbère et un allumeur de réverbères. Cependant il se dit en lui-même :

« Peut-être bien que cet homme est absurde. Cependant il est moins absurde que le roi, que le vaniteux, que le businessman et que le buveur. Au moins son travail a-t-il un sens. Quand il allume son réverbère, c'est comme s'il faisait naître une étoile de plus, ou une fleur. Quand il éteint son réverbère ça endort la fleur ou l'étoile. C'est une occupation très jolie. C'est véritablement utile puisque c'est joli. »

Lorsqu'il aborda la planète il salua respectueusement l'allumeur :

« Bonjour. Pourquoi viens-tu d'éteindre ton réverbère ?

— C'est la consigne, répondit l'allumeur. Bonjour.

— Qu'est-ce que la consigne ?

— C'est d'éteindre mon réverbère. Bonsoir. »

Et il le ralluma.

« Mais pourquoi viens-tu de le rallumer ?

— C'est la consigne, répondit l'allumeur.

— Je ne comprends pas, dit le petit prince.

— Il n'y a rien à comprendre, dit l'allumeur. La consigne c'est la consigne. Bonjour. »

「おらはここで、ひどい仕事をしてんだ」

« Je fais là un métier terrible. »

彼はまた街燈の灯を消しました。

そして、赤いチェック柄のハンカチでひたいをぬぐいました。

「おらはここで、ひどい仕事をしてんだ。むかしはよかったっぺ。朝になったら消して、夜になったら灯を
ともす。昼ののこりの時間は休めたしな、夜ののこりの時間は寝れたっぺよ……」

「それなら、そのころから命令がかわったの?」

「命令はかわってないっぺ」と、ランプ係は答えました。

「そこが悲劇の悲劇たるゆえんだっぺ! この星は毎年、毎年、毎年よ、どんどんどんどん速く回るように
なっちまって、それなのに命令がかわらないんだっぺ!」

「それで?」と王子さまが聞きました。

「それでよ、今はこの星、一分に一度回るんだ。おらはもう、休める時間が一秒たりともねえ。ともして、消
して。これを一分に一度だっぺ!」

「それはおかしいなあ! あなたのこの星では一日がたった一分!」

「全然おかしくねえっぺ」と、ランプ係が言いました。

「おらたち、もう一ヶ月も話しこんでんだっぺよ」

「一ヶ月?」

「んだ。三十分よ。ってことは、三十日だっぺ! これで、こんばんは、だな」

そこで彼はふたたび街燈に灯をともしました。

王子さまは、ともしたり消したりするランプ係をじっと見つめました。そして、命令にこんなにも忠実なラ
ンプ係を好きだと思いました。自分の星でかつて、椅子をずらしながら何度も夕陽を見ようとしたことを
王子さまは思いだしたのです。王子さまはこの友だちを助けたくなりました。

「あの……ぼくは、あなたが休みたいときに休める方法を知っていますよ」

Et il éteignit son réverbère.

Puis il s'épongea le front avec un mouchoir à carreaux rouges.

« Je fais là un métier terrible. C'était raisonnable autrefois. J'éteignais le matin et j'allumais le soir.
J'avais le reste du jour pour me reposer, et le reste de la nuit pour dormir...

— Et, depuis cette époque, la consigne a changé ?

— La consigne n'a pas changé, dit l'allumeur. C'est bien là le drame ! La planète d'année en année a
tourné de plus en plus vite, et la consigne n'a pas changé !

— Alors ? dit le petit prince.

— Alors maintenant qu'elle fait un tour par minute, je n'ai plus un seconde de repos. J'allume et
j'éteins une fois par minute !

— Ça c'est drôle ! Les jours chez toi durent une minute !

— Ce n'est pas drôle du tout, dit l'allumeur. Ça fait déjà un mois que nous parlons ensemble.

— Un mois ?

— Oui. Trente minutes. Trente jours ! Bonsoir. »

Et il ralluma son réverbère.

Le petit prince le regarda et il aima cet allumeur qui était tellement fidèle à la consigne. Il se souvint des
couchers de soleil que lui-même allait autrefois chercher, en tirant sa chaise. Il voulut aider son ami :

« Tu sais... je connais un moyen de te reposer quand tu voudras...

「休みてえって、おら、いつも思ってっぺよ」と、ランプ係は言いました。

それはそうでしょう。一人の人間のなかには、つくしたいという気持ちと、なまけたいという気持ちの両方があるものです。

王子さまが言葉を続けました。

「あなたの星はものすごく小さいですよね。三回またげば一周しちゃうくらい。だから、ゆっくり歩くだけでいいんです。いつも太陽に向かうようにして。休みたいときは歩く……そうすれば、のぞんだぶんだけ昼が続きますよ」

「それは、あんまり大した方法じゃねえっぺよ」と、ランプ係は言いました。「だってよ、おらがほんとうにしてえのは、ねむることなんだっぺもの」

「ああ、それじゃ、だめかあ」と、王子さまが言いました。

「んだ。それじゃ、だめだあ」と、ランプ係が答えました。

「これで、こんにちは、だな」

そして彼は、街燈の灯を消しました。

そのあと、王子さまは長い旅を続けながら、こんなふうに思いました。

「ともしたり消したりするあの人は、他のみんなから見下されるのだろうな。王さまからもうぬぼれ男からも、飲んだくれや実業家からも。だけど、あの人はぼくがばかげているとは思わなかったただ一人の人だ。それはたぶん、あの人が自分のためではないことで汗を流しているからだ」

なんだか残念な気持になり、王子さまはため息をつきました。そしてまた、こんなふうに思ったのです。

「あの人は、ぼくの友だちになれたかもしれないただ一人の人だ。でも、あの人の星はほんとうにものすごく小さい。二人で暮らす場所なんかないや……」

王子さまがあえて打ちあけなかったのは、この星を去ったことを悔やんでいるもっと別の理由です。なぜなら、この星では一日二十四時間のあいだに、千四百四十回も夕陽が見られるのですから!

— Je veux toujours », dit l'allumeur.

Car on peut être, à la fois, fidèle et paresseux. Le petit prince poursuivit :

« Ta planète est tellement petite que tu en fais le tour en trois enjambées. Tu n'as qu'à marcher assez lentement pour rester toujours au soleil. Quand tu voudras te reposer tu marcheras… et le jour durera aussi longtemps que tu voudras.

— Ça ne m'avance pas à grand chose, dit l'allumeur. Ce que j'aime dans la vie, c'est dormir.

— Ce n'est pas de chance, dit le petit prince.

— Ce n'est pas de chance, dit l'allumeur. Bonjour. »

Et il éteignit son réverbère.

« Celui-là, se dit le petit prince, tandis qu'il poursuivait plus loin son voyage, celui-là serait méprisé par tous les autres, par le roi, par le vaniteux, par le buveur, par le businessman. Cependant c'est le seul qui ne me paraisse pas ridicule. C'est, peut-être, parce qu'il s'occupe d'autre chose que de soi-même. »

Il eut un soupir de regret et se dit encore :

« Celui-là est le seul dont j'eusse pu faire mon ami. Mais sa planète est vraiment trop petite. Il n'y a pas de place pour deux... »

Ce que le petit prince n'osait pas s'avouer, c'est qu'il regrettait cette planète bénie à cause, surtout, des mille quatre cent quarante couchers de soleil par vingt-quatre heures !

15

　六番目の星は、ランプ係の星の十倍もの大きさでした。この星には老いた紳士が住んでいて、大きな本に向かってなにやら書きこんでいました。

「おや！　探検家のおでましか！」

王子さまをひとめ見るなり、紳士は大きな声をあげました。王子さまは机の上にすわり、すこし息をつきました。ここまでずいぶん長く旅をしてきたのです。

「どこからおいでなさった？」と、老紳士は王子さまにたずねました。

「この大きな本はなんですか？」と王子さまは聞きました。

「ここでなにをしているのですか？」

「私は地理学者だよ」と、老紳士は答えました。

「地理学者ってなに？」

La sixième planète était une planète dix fois plus vaste. Elle était habitée par un vieux monsieur qui écrivait d'énormes livres.

　« Tiens ! voilà un explorateur ! » s'écria-t-il, quand il aperçut le petit prince.

　Le petit prince s'assit sur la table et souffla un peu. Il avait déjà tant voyagé !

　« D'où viens-tu ? lui dit le vieux monsieur.

　— Quel est ce gros livre ? dit le petit prince. Que faites-vous ici ?

　— Je suis géographe, dit le vieux monsieur.

　— Qu'est-ce qu'un géographe ?

「海や川、街や山や砂漠がどこにあるかを知っている学者のことだね」

「あ、それ、すごくおもしろいなあ」と、王子さまが言いました。

「とうとう本物の仕事に出会ったぞ!」

地理学者が住む星……王子さまは自分のまわりをぐるりと見まわしました。こんなに堂々とした威厳の
ある星を、まだ見たことがなかったからです。

「とても美しいですね、あなたの星は。海はありますか?」

「私には、それはわからないなあ」と、地理学者が言いました。

王子さまはがっかりしました。

「あれ!　それなら山は?」

「それも、わからんね」と、地理学者が言いました。

「じゃあ、街や川や砂漠はどうですか?」

「それも、まったくわからないな」

「でも、地理学者なんですよね」

「まさしく」と、地理学者は言いました。「しかし、私は探検家ではないのだよ。ごらんのとおり、私の星に
は探検家が一人もおらん。街や川や山や海、大海、砂漠。そうしたものを数えようとするのは地理学者で
はないのだ。地理学者はあまりに重大な立場にあるので、ぶらぶら歩くわけにはいかんのだよ。書斎をは
なれるわけにはいかない。でも、地理学者はその書斎に探検家たちをむかえ入れる。地理学者は探検家
に質問をする。彼らが記憶から語ることを書きつける。そして、だれかが語っていることに興味をいだい
たら、その探検家の品位について調べさせる、ということなのだ」

「なんでそんなことを?」

「うそをつく探検家にひっかかると、地理学の本は意味をなさなくなってしまうからだ。飲んだくれの探
検家も同じだ。気をつけないと」

— C'est un savant qui connaît où se trouvent les mers, les fleuves, les villes, les montagnes et les déserts.

— Ça c'est bien intéressant, dit le petit prince. Ça c'est enfin un véritable métier ! » Et il jeta un coup d'œil autour de lui sur la planète du géographe. Il n'avait jamais vu encore une planète aussi majestueuse.

« Elle est bien belle, votre planète. Est-ce qu'il y a des océans ?

— Je ne puis pas le savoir, dit le géographe.

— Ah ! (Le petit prince était déçu.) Et des montagnes ?

— Je ne puis pas le savoir, dit le géographe.

— Et des villes et des fleuves et des déserts ?

— Je ne puis pas le savoir non plus, dit le géographe.

— Mais vous êtes géographe !

— C'est exact, dit le géographe, mais je ne suis pas explorateur. Je manque absolument d'explorateurs. Ce n'est pas le géographe qui va faire le compte des villes, des fleuves, des montagnes, des mers, des océans et des déserts. Le géographe est trop important pour flâner. Il ne quitte pas son bureau. Mais il y reçoit les explorateurs. Il les interroge, et il prend en note leurs souvenirs.

Et si les souvenirs de l'un d'entre eux lui paraissent intéressants, le géographe fait faire une enquête sur la moralité de l'explorateur.

— Pourquoi ça ?

— Parce qu'un explorateur qui mentirait entraînerait des catastrophes dans les livres de géographie. Et aussi un explorateur qui boirait trop.

「なんでですか?」

「酔っぱらいは、ものが二重に見えるんだよ。それを真に受けると、地理学者は山を二つ書きこんでしまうことになる。そこにはひとつの山しかないのに」

「それならぼく、ある人を知ってますよ」と、王子さまは言いました。「ひどい探検家になりそうな人」

「ああ、だめだろうね。それゆえ、探検家に品位があるとわかれば、次はその発見について調べることになる」

「見にいくのですか?」

「いや。これはずいぶん面倒な仕事なのだ。探検家に、証拠のものを持ってくるように求めるんだよ。たとえば、大きな山を発見したというなら、そこから大きな石を持ってこさせる」

地理学者はそこでいきなり活気づきました。

「ところできみ。きみは、遠いところからきたんだ! きみは探検家ではないか! きみの星のことを私に語ってくれないか!」

地理学者は記録簿を開き、鉛筆をけずりました。探検家の話はまず鉛筆で書きしるすのです。インクでしるすのは、ときを待たなければいけません。探検家が証拠のものを持ちこんでからなのです。

「それで?」と、地理学者は王子さまにたずねました。

「ああ、ぼくの星ですか!」と王子さまはしゃべりはじめました。「ぼくの星はあんまりおもしろくないですよ。小さすぎて。火山が三つあるんです。二つは活火山で、ひとつは休火山。でも、休火山だからって、今後どうなるかはわかりませんし」

「そりゃ、わからんよ」と、地理学者は言いました。

「あと、一輪の花があります」

「花は記録せん」と、地理学者が言いきりました。

— Pourquoi ça ? fit le petit prince.

— Parce que les ivrognes voient double. Alors le géographe noterait deux montagnes, là où il n'y en a qu'une seule.

— Je connais quelqu'un, dit le petit prince, qui serait mauvais explorateur.

— C'est possible. Donc, quand la moralité de l'explorateur paraît bonne, on fait une enquête sur sa découverte.

— On va voir ?

— Non. C'est trop compliqué. Mais on exige de l'explorateur qu'il fournisse des preuves. S'il s'agit par exemple de la découverte d'une grosse montagne, on exige qu'il en rapporte de grosses pierres. »

Le géographe soudain s'émut.

« Mais toi, tu viens de loin ! Tu es explorateur ! Tu vas me décrire ta planète ! »

Et le géographe, ayant ouvert son registre, tailla son crayon. On note d'abord au crayon les récits des explorateurs. On attend, pour noter à l'encre, que l'explorateur ait fourni des preuves.

« Alors ? interrogea le géographe.

— Oh ! chez moi, dit le petit prince, ce n'est pas très intéressant, c'est tout petit. J'ai trois volcans. Deux volcans en activité, et un volcan éteint. Mais on ne sait jamais.

— On ne sait jamais, dit le géographe.

— J'ai aussi une fleur.

— Nous ne notons pas les fleurs, dit le géographe.

「どうしてですか！　ぼくの星で一番美しいのに！」

「なぜって、花ははかないものだからだよ」

「はかないって、どういう意味ですか？」

「地理学はね」と、地理学者が言いました。「地理学の本は、あらゆる本のなかで、もっともたしかなものなんだよ。決して時代おくれにはならない。山が場所をかえるということは、まずめったにないだろう。海が干上がるということも、まずめったにない。私たち地理学者は、永遠不変のものをしるすのだよ」

「でも、火の消えた休火山だって、また噴火するかもしれないですよ」と、王子さまは地理学者の話をさえぎりました。「それと、はかないってどういう意味ですか？」

— Pourquoi ça ! c'est le plus joli !

— Parce que les fleurs sont éphémères.

— Qu'est ce que signifie : ‹ éphémère › ?

— Les géographies, dit le géographe, sont les livres les plus sérieux de tous les livres. Elles ne se démodent jamais. Il est très rare qu'une montagne change de place. Il est très rare qu'un océan se vide de son eau. Nous écrivons des choses éternelles.

— Mais les volcans éteints peuvent se réveiller, interrompit le petit prince. Qu'est-ce que signifie ‹ éphémère › ?

「火山の火が消えていようが、噴火していようが、私たち地理学者にとっては同じなのだよ」と、地理学者が言いました。「私たちにとって大事なのは、それが山だということだ。山はかわらない」

「でも、あの、はかないってどういう意味ですか?」と、王子さまが繰りかえしました。一度投げかけた質問は絶対にあきらめないのです。

「それは、『すぐに消えてなくなるかもしれない』という意味だよ」

「ぼくの花が、すぐに消えてなくなる?」

「そのとおりだ」

「ぼくの花ははかないんだ」と、王子さまは胸のなかでつぶやきました。「しかも、世界から身を守るためにあるのは、たった四本のとげだ! それなのにぼくは、彼女を置いてきてしまった。ぼくの星で彼女は一人ぼっちだ!」

王子さまはここではじめて、後悔の念にとらわれました。でも、そのあと、めげずに旅を続ける勇気を取り戻したのです。

「次は、どの星をたずねればいいと思いますか?」と、王子さまは問いかけました。

「地球という星かな」と、地理学者は答えました。「評判のいい星ではある……」

王子さまはのこしてきた花のことを思いながら、地理学者の星から旅立ちました。

    — Que les volcans soient éteints ou soient éveillés, ça revient au même pour nous autres, dit le géographe. Ce qui compte pour nous, c'est la montagne. Elle ne change pas.

    — Mais qu'est-ce que signifie ‹ éphémère › ? répéta le petit prince qui, de sa vie, n'avait renoncé à une question, une fois qu'il l'avait posée.

    — Ça signifie ‹ qui est menacé de disparition prochaine ›.

    — Ma fleur est menacée de disparition prochaine ?

    — Bien sûr. »

    « Ma fleur est éphémère, se dit le petit prince, et elle n'a que quatre épines pour se défendre contre le monde ! Et je l'ai laissée toute seule chez moi ! »

    Ce fut là son premier mouvement de regret. Mais il reprit courage :

    « Que me conseillez-vous d'aller visiter ? demanda-t-il.

    — La planète Terre, lui répondit le géographe. Elle a une bonne réputation... »

    Et le petit prince s'en fut, songeant à sa fleur.

16

    七番目の星は、つまり、地球でした。

地球は、そのへんのありふれた星ではありませんでした! 地球には百十一人の王さま(もちろん、黒人の王さまも忘れずにカウントしてください)、七千人の地理学者、九十万人の実業家、七百五十万人の酔っぱらい、三億千百万人のみえっぱり、すなわち約二十億人の大人がいました。

    La septième planète fut donc la Terre.

    La Terre n'est pas une planète quelconque ! On y compte cent onze rois (en n'oubliant pas, bien sûr, les rois nègres), sept mille géographes, neuf cent mille businessmen, sept millions et demi d'ivrognes, trois cent onze millions de vaniteux, c'est-à-dire environ deux milliards de grandes personnes.

地球の大きさがどれほどのものか知ってもらうために、電気が発明される前のことについて話しましょう。そのころは、六つの大陸を全部合わせると、街燈に灯をともしたり消したりするランプ係が、まさに大群、四十六万二千五百十一人も必要だったのです。

すこしはなれたところから見ると、それはもう素晴らしいながめでした。この大群の動きは、オペラのバレエのように規則正しいのです。まずは、ニュージーランドとオーストラリア。この二つの国のランプ係たちの円舞からはじまります。彼らは自分たちの街燈に灯をともしながら、ねむりにつくために去っていくのです。すると今度は、中国とシベリアのランプ係たちの踊りです。彼らもまた、舞台の袖へと流れるように去っていきます。お次は、ロシアとインドのランプ係の番です。その次はアフリカとヨーロッパ。続いて南アメリカ。そして北アメリカ。舞台に登場する順番を彼らがまちがえることは絶対にありません。実に崇高なものなのです。

ただ、北極にひとつだけある街燈のランプ係と、彼の同僚で、南極にひとつだけある街燈のランプ係。この二人だけがだらだらとなまけた日々を送っていました。なぜなら彼らは、一年に二回しか働かないからです。

Pour vous donner une idée des dimensions de la Terre je vous dirai qu'avant l'invention de l'électricité on y devait entretenir, sur l'ensemble des six continents, une véritable armée de quatre cent soixante-deux mille cinq cent onze allumeurs de réverbères.

Vu d'un peu loin ça faisait un effet splendide. Les mouvements de cette armée étaient réglés comme ceux d'un ballet d'opéra. D'abord venait le tour des allumeurs de réverbères de Nouvelle-Zélande et d'Australie. Puis ceux-ci, ayant allumé leurs lampions, s'en allaient dormir. Alors entraient à leur tour dans la danse les allumeurs de réverbères de Chine et de Sibérie. Puis eux aussi s'escamotaient dans les coulisses. Alors venait le tour des allumeurs de réverbères de Russie et des Indes. Puis de ceux d'Afrique et d'Europe. Puis de ceux d'Amérique du Sud. Puis de ceux d'Amérique du Nord. Et jamais ils ne se trompaient dans leur ordre d'entrée en scène. C'était grandiose.

Seuls, l'allumeur de l'unique réverbère du pôle Nord, et son confrère de l'unique réverbère du pôle Sud, menaient des vies d'oisiveté et de nonchalance : ils travaillaient deux fois par an.

17

なにか気のきいたことを話そうとすると、多少のうそをついてしまうことがあるものです。実は私も街燈のランプ係についてみなさんに話したとき、すごく正直でしたよ、とは言えませんでした。私たちの星のことを知らない人には、あやまった印象を与えてしまったかもしれません。人間はこの地球の上で、ほんとうはごく一部にしか住んでいないのです。地球に住みついた二十億の人が、集会のときみたいに立ったままちょっと詰め合って並んだのなら、縦横二十マイルの公共広場にらくに収まることでしょう。人類というものは、太平洋のもっとも小さな島にだって詰めこめるかもしれないのです。

Quand on veut faire de l'esprit, il arrive que l'on mente un peu. Je n'ai pas été très honnête en vous parlant des allumeurs de réverbères. Je risque de donner une fausse idée de notre planète à ceux qui ne la connaissent pas. Les hommes occupent très peu de place sur la terre. Si les deux milliards d'habitants qui peuplent la terre se tenaient debout et un peu serrés, comme pour un meeting, ils logeraient aisément sur une place publique de vingt milles de long sur vingt milles de large. On pourrait entasser l'humanité sur le moindre petit îlot du Pacifique.

ただ、もちろん、みなさんがこんな話をしても大人たちは信用しません。大人たちは、自分たちが世界の
すごく広い範囲を支配していると思っているのです。自分たちがバオバブのようにひとかどの存在だと
思いこんでいるのです。ですから、みなさんは大人たちに、だったら計算してごらんよと言ってあげるべ
きです。大人たちは数字が好きなので、きっとよろこぶことでしょう。でも、みなさんはそんな罰ゲームみ
たいなつまらない作業につきあって、時間を失ってはいけません。それこそ、むだです。みなさんは私を
信用してくれますね。

さて、地球にはじめて到着した小さな王子さまです。王子さまは、人間を一人も見かけないことにとても
驚きました。星をまちがえたのではないかと、不安な気持ちにもなりました。すると、砂の上で、月の色を
した輪っかが動いたのです。

「こんばんは」と、王子さまはとりあえず言ってみました。

「こんばんは」と、ヘビが言いました。

「ぼく、どの星の上に降りたのだろう?」と、王子さまが聞きました。

「地球の上だよ。アフリカってところ」と、ヘビが答えました。

「ああ! それなら、地球にはだれもいないの?」

「ここは砂漠だもの。砂漠にはだれもいないよ。地球はでっかいんだ」と、ヘビが言いました。

王子さまは石の上にすわり、空を見上げました。

「ぼく、考えることがあるんだ」と、王子さまが言いました。「星々があんなにもかがやいているのは、いつ
かみんなそれぞれの、自分の星がわかるようにするためかな。ねえ、ぼくの星を見て。ちょうどぼくらの真上
にあるよ……。でも、なんて遠いんだろう!」

「あなたの星はきれいだね」と、ヘビが言いました。「ここに、なにをしにきたの?」

「一輪の花と、うまくいかなくなっちゃったんだ」と、王子さまが言いました。

「ああ!」と、ヘビが受けとめました。

そして、王子さまもヘビもだまりこみました。

Les grandes personnes, bien sûr, ne vous croiront pas. Elles s'imaginent tenir beaucoup de place. Elles
se voient importantes comme des baobabs. Vous leur conseillerez donc de faire le calcul. Elles adorent les
chiffres : ça leur plaira. Mais ne perdez pas votre temps à ce pensum. C'est inutile. Vous avez confiance en moi.

Le petit prince, une fois sur terre, fut donc bien surpris de ne voir personne. Il avait déjà peur de s'être
trompé de planète, quand un anneau couleur de lune remua dans le sable.

« Bonne nuit, fit le petit prince à tout hasard.

— Bonne nuit, fit le serpent.

— Sur quelle planète suis-je tombé ? demanda le petit prince.

— Sur la Terre, en Afrique, répondit le serpent.

— Ah ! ... Il n'y a donc personne sur la Terre ?

— Ici c'est le désert. Il n'y a personne dans les déserts. La Terre est grande », dit le serpent.

Le petit prince s'assit sur une pierre et leva les yeux vers le ciel : « Je me demande, dit-il, si les étoiles sont
éclairées afin que chacun puisse un jour retrouver la sienne. Regarde ma planète. Elle est juste au-dessus de
nous... Mais comme elle est loin !

— Elle est belle, dit le serpent. Que viens-tu faire ici ?

— J'ai des difficultés avec une fleur, dit le petit prince.

— Ah ! » fit le serpent.

Et ils se turent.

「きみは、へんな生き物だね」と、王子さまはとうとう言ってしまいました。
「指みたいに細くてさ……」

« Tu es une drôle de bête, lui dit-il enfin, mince comme un doigt... »

「ねえ、人間はどこにいるの?」

聞きたかったことを王子さまがたずねました。

「砂漠では、ひとりぼっちだなあって、ちょっと思っちゃうよ……」

「人間のなかにいたって、ひとりぼっちだなあって思うよ」と、ヘビが言いました。

王子さまはしばらくヘビを見つめました。

「きみは、へんな生き物だね」と、王子さまはとうとう言ってしまいました。

「指みたいに細くてさ……」

「でも、王さまの指よりもボクは強いんだ」と、ヘビが言いかえしました。

王子さまはほほえみました。

「きみはそんなに強くないよ……足すらないんだし……旅だってできないよね……」

「ボクはあなたを、海をいく船よりも、もっと遠いところまで連れていくことができる」と、ヘビは言い、まるで金のブレスレットのように、

王子さまの足首に巻きつきました。

「ボクが触れた者は、土に戻ることになるんだ。その者が生まれた土に」と、ヘビはなお話を続けました。

「でも、あなたは純粋だね。星からやってきたんだね……」

王子さまは返事をしませんでした。

「あなたを見ていると、かわいそうだなと思うよ。岩でできたこの地球の上で、あなたはあまりにも弱すぎる。もし、自分の星のことを考えてあんまり苦しくなるようだったら、ボクが手伝ってあげる。ボクはね……」

「うん! すごくよくわかったよ」と、王子さまが言いました。「でも、きみはなんだっていつも謎めいた話をするの?」

「ボクはすべての謎を解くんだ」と、ヘビが言いました。

そしてまた、王子さまもヘビもだまりこみました。

« Où sont les hommes ? reprit enfin le petit prince. On est un peu seul dans le désert...

— On est seul aussi chez les hommes », dit le serpent.

Le petit prince le regarda longtemps :

« Tu es une drôle de bête, lui dit-il enfin, mince comme un doigt...

— Mais je suis plus puissant que le doigt d'un roi », dit le serpent.

Le petit prince eut un sourire :

« Tu n'es pas bien puissant... tu n'as même pas de pattes... tu ne peux même pas voyager...

— Je puis t'emporter plus loin qu'un navire », dit le serpent.

Il s'enroula autour de la cheville du petit prince, comme un bracelet d'or :

« Celui que je touche, je le rends à la terre dont il est sorti, dit-il encore. Mais tu es pur et tu viens d'une étoile... »

Le petit prince ne répondit rien.

« Tu me fais pitié, toi si faible, sur cette Terre de granit. Je puis t'aider un jour si tu regrettes trop ta planète. Je puis...

— Oh ! J'ai très bien compris, fit le petit prince, mais pourquoi parles-tu toujours par énigmes ?

— Je les résous toutes », dit le serpent.

Et ils se turent.

　小さな王子さまは、砂漠を歩き続けました。でも、一輪の花にしか出会いませんでした。花びらがたった三枚の、どうということはない花です……。

「こんにちは」と、王子さまが言いました。

「こんにちは」と、花が言いました。

「人間はどこにいますか?」と、王子さまはていねいにたずねました。

花はいつだったか、隊商の一団が通りすぎるのを見たことがあるのです。

「人間ね?　いるわよ。私が思うに、六人か七人。何年か前に、見かけたことがあるもの。でも、彼らが今どこにいるかはわからないわ。風に吹かれて、あちらこちらほっつき歩いているのよ。彼らは根っこがないから、それがとてもつらいのよ」

「さよなら」と、王子さまが言いました。

「さよなら」と、花が言いました。

Le petit prince traversa le désert et ne rencontra qu'une fleur. Une fleur à trois pétales, une fleur de rien du tout...

　« Bonjour, dit le petit prince.

　— Bonjour, dit la fleur.

　— Où sont les hommes ? » demanda poliment le petit prince.

　La fleur, un jour, avait vu passer une caravane :

　« Les hommes ? Il en existe, je crois, six ou sept. Je les ai aperçus il y a des années. Mais on ne sait jamais où les trouver. Le vent les promène. Ils manquent de racines, ça les gêne beaucoup.

　— Adieu, fit le petit prince.

　— Adieu », dit la fleur.

19

　小さな王子さまは、高い山に登ってみました。王子さまは自分のひざの高さまでしかない三つの火山以外、山なんて知らなかったのです。火の消えた休火山は、椅子として役立てていたのです。ですから王子さまは思いました。「こんなにも高い山の上からだったら、すべての星々とすべての人間たちがひとめで見えてしまうだろうな……」 でも、その山の上から見えたのは、するどく切り立った岩山ばかりなのでした。

「こんにちは」と、王子さまはとりあえず言ってみました。

「こんにちは……こんにちは……こんにちは……」と、こだまがかえってきます。

「きみはだれ?」と、王子さまは聞いてみました。

「きみはだれ……きみはだれ……きみはだれ……」と、こだまは繰りかえします。

「ぼくの友だちになってよ。ぼく、ひとりぼっちなんだ」

「ひとりぼっちなんだ……ひとりぼっちなんだ……ひとりぼっちなんだ……」と、こだまは答えます。

「なんてへんな星なんだろう!」と、さすがに王子さまも考えました。

「この星はどこまでも乾いていて、とがった山ばかりで、なにもかもが塩っからい。しかも、人間たちには想像力というものが欠けている。言ったことを繰りかえすだけなんだもの……ぼくの星には一輪の花があったのになあ。彼女はいつも自分から話しかけてくれたのに……」

Le petit prince fit l'ascension d'une haute montagne. Les seules montagnes qu'il eût jamais connues étaient les trois volcans qui lui arrivaient au genou. Et il se servait du volcan éteint comme d'un tabouret. « D'une montagne haute comme celle-ci, se dit-il donc, j'apercevrai d'un coup toute la planète et tous les hommes... » Mais il n'aperçut rien que des aiguilles de roc bien aiguisées.

　« Bonjour, dit-il à tout hasard.

　— Bonjour... Bonjour... Bonjour... répondit l'écho.

　— Qui êtes-vous ? dit le petit prince.

　— Qui êtes-vous... qui êtes-vous... qui êtes-vous... répondit l'écho.

　— Soyez mes amis, je suis seul, dit-il.

　— Je suis seul... je suis seul... je suis seul... » répondit l'écho.

　« Quelle drôle de planète ! pensa-t-il alors. Elle est toute sèche, et toute pointue et toute salée. Et les hommes manquent d'imagination. Ils répètent ce qu'on leur dit... Chez moi j'avais une fleur : elle parlait toujours la première... »

20

　王子さまは、砂漠を横切ったり、岩場や雪の上をずいぶん長く歩いて、ようやく一本の道を見つけました。道はすべて、人の住むところにつながっているものです。

「こんにちは」と王子さまが言いました。そこは、バラの花でいっぱいの庭でした。

「こんにちは」とバラたちもあいさつをしました。

Mais il arriva que le petit prince, ayant longtemps marché à travers les sables, les rocs et les neiges, découvrit enfin une route. Et les routes vont toutes chez les hommes.

　« Bonjour », dit-il. C'était un jardin fleuri de roses.

　« Bonjour », dirent les roses.

「なんてへんな星なんだろう！」と、さすがに王子さまも考えました。
「この星はどこまでも乾いていて、とがった山ばかりで、なにもかもが塩っからい」

Cette planète est toute sèche, et toute pointue et toute salée.

王子さまはバラたちを見つめました。王子さまのあの花にまったくそっくりなのです。

「きみたちはだれ?」 驚きのあまり、王子さまはバラたちにそうたずねました。

「私たちはバラの花です」と、バラたちが答えました。

「ええっ!」と王子さまは声をあげました。

王子さまは、ひどく落ちこみました。王子さまの花は自らを、この世にたったひとつだけの存在なのだと言っていたからです。それなのにこれです。ひとつの庭に、まったくそっくりな五千ものバラの花が咲いているのです! 王子さまは思いました。

「彼女はすごく気分をわるくするだろうなあ。もしこの庭を見たら……。自分が笑いものになるのをさけようとして、むちゃくちゃ咳きこんで死んでしまうふりをするだろう。そうしたらぼくは、看病するふりをしなければいけないだろうなあ。だってそうしなかったら、今度はぼくを、このぼくまでをも傷つけようとして、彼女はほんとうに死んでしまうかもしれない」

王子さまはこうも考えました。「この世にたったひとつの花を持っているから、自分は特別だと思っていたんだよ。だけどぼくは、どこにでもあるバラの花を持っていたにすぎなかったんだ。あとはひざの高さまでの火山が三つ。しかもそのうちのひとつはたぶんもう火をふかない。これじゃ、ぼくは立派な王子にはなれないよ」王子さまは草原にたおれ、泣きました。

Le petit prince les regarda. Elles ressemblaient toutes à sa fleur.

« Qui êtes-vous ? leur demanda-t-il, stupéfait.

— Nous sommes des roses, dirent les roses.

— Ah ! » fit le petit prince...

Et il se sentit très malheureux. Sa fleur lui avait raconté qu'elle était seule de son espèce dans l'univers. Et voici qu'il en était cinq mille, toutes semblables, dans un seul jardin !

« Elle serait bien vexée, se dit-il, si elle voyait ça... elle tousserait énormément et ferait semblant de mourir pour échapper au ridicule. Et je serais bien obligé de faire semblant de la soigner, car, sinon, pour m'humilier moi aussi, elle se laisserait vraiment mourir... »

Puis il se dit encore : « Je me croyais riche d'une fleur unique, et je ne possède qu'une rose ordinaire. Ça et mes trois volcans qui m'arrivent au genou, et dont l'un, peut-être, est éteint pour toujours, ça ne fait pas de moi un bien grand prince... » Et, couché dans l'herbe, il pleura.

そこへあらわれたのは一匹のフェネックキツネでした。

「こんにちは」とキツネが言いました。

「こんにちは」と王子さまもていねいにあいさつし、振りかえりました。でも、なにも見えません。

「ボク、ここだよ」と声がしました。

「りんごの木の下だよ」

「きみはだれ?」と王子さまがたずねました。「きみはとってもステキだね」

「ボク、キツネだよ」とキツネが答えました。

「こっちにおいでよ。ぼくと遊ぼうよ。ぼくはすごくかなしいんだ」と王子さまはキツネを誘いました。

「ボク、きみとは遊べないよ」とキツネが言いました。「だってボク、きみになついてないもん」

「ああ、ごめんね」王子さまはそう言ったあとでちょっと考え、こうつけ加えました。

「なつくって、どういう意味?」

「きみはこの土地の人間ではないね」とキツネは言いました。「きみはなにをさがしているの?」

C'est alors qu'apparut le renard :

« Bonjour, dit le renard.

— Bonjour, répondit poliment le petit prince, qui se retourna mais ne vit rien.

— Je suis là, dit la voix, sous le pommier…

— Qui es-tu ? dit le petit prince. Tu es bien joli…

— Je suis un renard, dit le renard.

— Viens jouer avec moi, lui proposa le petit prince. Je suis tellement triste…

— Je ne puis pas jouer avec toi, dit le renard. Je ne suis pas apprivoisé.

— Ah ! pardon », fit le petit prince. Mais après réflexion, il ajouta :

« Qu'est-ce que signifie ‹ apprivoiser › ?

— Tu n'es pas d'ici, dit le renard, que cherches-tu ?

「ぼくは人間をさがしているんだよ」と王子さまは答えました。「ねえ、なつくって?」

「人間はね」とキツネが言いました。「あいつらは銃を持って狩りをするんだ。すごくわずらわしい連中だよ! それから人間はニワトリも飼っている。そこだけがあいつらのいいところだね。きみ、ニワトリをさがしているの?」

「ちがうよ」と王子さまは答えました。「ぼくは友だちをさがしているんだ。ねえ、なつくって、どういう意味?」

「それはね、もうひどく忘れられていることだよ」とキツネが言いました。「なつくってのは、心を寄せるってことなんだ」

「心を寄せる?」

「そうだよ」とキツネは言いました。「きみはまだボクにとっちゃ、十万人もの男の子となんらかわらないふつうの一人の男の子なんだ。ボク、きみがいなくてもいいんだ。きみだって、ボクがいなくてもいいだろう。きみにとっちゃ、ボクは十万匹ものキツネとなんらかわらないふつうの一匹のキツネでしかないんだから。でも、もしきみとボクが心を寄せ合えば、ボクたちはお互いがたいせつなお互いどうしになる。きみはボクにとって、この世でただ一人の特別な男の子になるんだ。ボクはきみにとって、この世でただ一匹の特別なキツネになるんだ……」

「ぼく、わかりはじめてきたよ」と、王子さまが言いました。「一輪の花があってね……思うにぼくは……その花に心を寄せていたんだ」

「それはきっとあるね」と、キツネが言いました。「地球の上ではあらゆることが起きるから」

「ちがうの。これは地球の上の話ではないんだよ」と王子さまが言いました。キツネはとても不思議だという顔をしてみせました。

「ほかの星の話なの?」

「そうだよ」

「その星には狩りをする人はいる?」

「いない」

    — Je cherche les hommes, dit le petit prince. Qu'est-ce que signifie ‹ apprivoiser › ?

    — Les hommes, dit le renard, ils ont des fusils et ils chassent. C'est bien gênant ! Ils élèvent aussi des poules. C'est leur seul intérêt. Tu cherches des poules ?

    — Non, dit le petit prince. Je cherche des amis. Qu'est-ce que signifie ‹ apprivoiser › ?

    — C'est une chose trop oubliée, dit le renard. Ça signifie ‹ créer des liens... ›

    — Créer des liens ?

    — Bien sûr, dit le renard. Tu n'es encore pour moi qu'un petit garçon tout semblable à cent mille petits garçons. Et je n'ai pas besoin de toi. Et tu n'a pas besoin de moi non plus. Je ne suis pour toi qu'un renard semblable à cent mille renards. Mais, si tu m'apprivoises, nous aurons besoin l'un de l'autre. Tu seras pour moi unique au monde. Je serai pour toi unique au monde...

    — Je commence à comprendre, dit le petit prince. Il y a une fleur... je crois qu'elle m'a apprivoisé...

    — C'est possible, dit le renard. On voit sur la Terre toutes sortes de choses...

    — Oh ! ce n'est pas sur la Terre », dit le petit prince. Le renard parut très intrigué :

    « Sur une autre planète ?

    — Oui.

    — Il y a des chasseurs sur cette planète-là ?

    — Non.

「それはいいぞ。で、ニワトリは?」

「いないよ」

「すべてうまくいく世界というのはないものだなあ」

キツネはため息をつきましたが、また自分の考えを話しはじめました。

「ボクの暮らしって、単調なんだ。ボクはニワトリを狩る。人間はボクを狩ろうとする。ニワトリはみんな同じように見えるし、人間もみんな似かよっている。だからちょっと退屈なんだ。でも、ボクがきみになついたら、ボクの暮らしにもあたたかな光がさしこんでくる。ボクは耳でわかるようになるだろう。ほかのだれともちがう、きみの気配をね。ほかの人間の気配がすると、ボクは地面の巣穴に逃げこむ。でもきみの足音なら、音楽のように呼びかけて、ボクを地面の外に誘いだすよ。それからほら、見て。あそこ、麦畑が見える? ボクはパンは食べないから麦なんて用なしさ。麦畑はボクになにひとつ呼びかけない。それってかなしいよね。でも、きみの髪は金色だ。すると、ボクがきみになついて心を寄せたとき、素晴らしいことが起こる! 金色の麦を見ると、ボクはきみを思いだすようになるんだ。そして麦畑を吹き渡る風がお気に入りになる……」

キツネはそこでだまりこみ、しばらく王子さまを見ていましたが、こう切りだしてきました。

「もしよかったら、ボクをなつかせてみてよ」

「そうしたいんだけど」と王子さまが言いました。

「時間があまりないんだ。ぼくは友だちをさがしているし、知らなければいけないことがたくさんあって」

「自ら心を寄せたものでなければ、なにも知ることはできないよ」キツネが言いました。「人間はなにかを学ぶための時間なんてとっくに失っている。あいつら、なんでもかんでもお店で買うんだ。でも、友だちを売っているお店なんてどこにもないから、人間はもう友だちを持てないんだよ。だから、もし友だちがほしかったら、ボクをなつかせてよ」

「どうすればいいの?」と王子さまが聞きました。

— Ça, c'est intéressant ! Et des poules ?

— Non.

— Rien n'est parfait », soupira le renard. Mais le renard revint à son idée :

« Ma vie est monotone. Je chasse les poules, les hommes me chassent. Toutes les poules se ressemblent, et tous les hommes se ressemblent. Je m'ennuie donc un peu. Mais si tu m'apprivoises, ma vie sera comme ensoleillée. Je connaîtrai un bruit de pas qui sera différent de tous les autres. Les autres pas me font rentrer sous terre. Le tien m'appellera hors du terrier, comme une musique. Et puis regarde ! Tu vois, là-bas, les champs de blé ? Je ne mange pas de pain. Le blé pour moi est inutile. Les champs de blé ne me rappellent rien. Et ça, c'est triste ! Mais tu as des cheveux couleur d'or. Alors ce sera merveilleux quand tu m'auras apprivoisé ! Le blé, qui est doré, me fera souvenir de toi. Et j'aimerai le bruit du vent dans le blé… »

Le renard se tut et regarda longtemps le petit prince :

« S'il te plaît… apprivoise-moi ! dit-il.

— Je veux bien, répondit le petit prince, mais je n'ai pas beaucoup de temps. J'ai des amis à découvrir et beaucoup de choses à connaître.

— On ne connaît que les choses que l'on apprivoise, dit le renard. Les hommes n'ont plus le temps de rien connaître. Il achètent des choses toutes faites chez les marchands. Mais comme il n'existe point de marchands d'amis, les hommes n'ont plus d'amis. Si tu veux un ami, apprivoise-moi !

— Que faut-il faire ? dit le petit prince.

「すごく辛抱がいるよ」とキツネが答えました。

「まずきみにはボクからすこしはなれたところにすわってもらう。草原にこんな感じで。ボクはきみのことを目のはじでちらちら見たりするけどさ、きみはなにも言ってはいけないよ。言葉は誤解のもとなんだから。そして毎日、きみはすわる場所をボクに近づけていく……」

翌日、王子さまはまたやってきました。

「同じ時間にきてくれたらいいんだけどなあ」とキツネが言いました。「たとえばきみが午後四時にくるなら、三時になるとボクはもうわくわくしちゃうんだ。そして時間がどんどん進んで四時に近づくと、ボクはどんどん幸福になる。それで四時になったとして、もしきみがこなかったら、ボクはそわそわ動きまわって、心配しちゃうんだ。きみと会えることの幸せの価値を、ボクはそこで知るんだ。でもさ、きみが何時でもいいやって感じでくるなら、ボクは何時から心の準備をしたらいいのかまったくわからなくなってしまう。だから、しきたりが必要なんだよ」

「しきたりってなに?」と王子さまが聞きました。

「これもかなり忘れられてしまったものなんだ」とキツネが答えました。「しきたりというのは、ほかの日とはちがう一日や、ほかの時間にはない特別な時間を感じさせてくれるものなんだ。たとえば、狩りをする人間たちにもしきたりはあるんだ。あいつらは木曜日になると村の娘たちと踊るんだよ。だから木曜日は素晴らしい! ボクはぶどう畑まで散歩する。もしあいつらが曜日なんて関係なしに踊るなら、どの日も同じってことになるだろう。ボクにはヴァカンスがなくなってしまうよ」

— Il faut être très patient, répondit le renard. Tu t'assoiras d'abord un peu loin de moi, comme ça, dans l'herbe. Je te regarderai du coin de l'œil et tu ne diras rien. Le langage est source de malentendus. Mais, chaque jour, tu pourras t'asseoir un peu plus près... »

Le lendemain revint le petit prince.

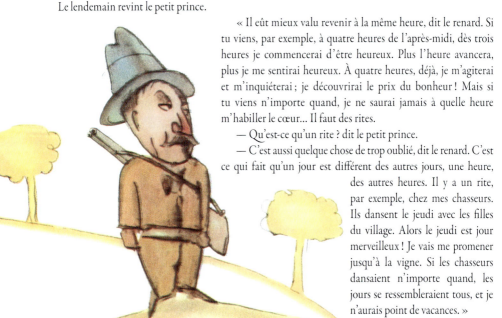

« Il eût mieux valu revenir à la même heure, dit le renard. Si tu viens, par exemple, à quatre heures de l'après-midi, dès trois heures je commencerai d'être heureux. Plus l'heure avancera, plus je me sentirai heureux. À quatre heures, déjà, je m'agiterai et m'inquiéterai ; je découvrirai le prix du bonheur ! Mais si tu viens n'importe quand, je ne saurai jamais à quelle heure m'habiller le cœur... Il faut des rites.

— Qu'est-ce qu'un rite ? dit le petit prince.

— C'est aussi quelque chose de trop oublié, dit le renard. C'est ce qui fait qu'un jour est différent des autres jours, une heure, des autres heures. Il y a un rite, par exemple, chez mes chasseurs. Ils dansent le jeudi avec les filles du village. Alors le jeudi est jour merveilleux ! Je vais me promener jusqu'à la vigne. Si les chasseurs dansaient n'importe quand, les jours se ressembleraient tous, et je n'aurais point de vacances. »

「たとえばきみが午後四時にくるなら、三時になるとボクはもうわくわくしちゃうんだ」

« Si tu viens, par exemple, à quatre heures de l'après-midi,
dès trois heures je commencerai d'être heureux. »

こうして王子さまはキツネになついてもらいましたが、出発の日は近づいてきました。

「ああ」と、キツネが言います。「ボクはきっと泣いちゃう」

「それはきみのせいだよ」と王子さまが言いました。「ぼくはきみがいやな思いをすることなんて、これっぽっちものぞまなかった。だけどきみが心を寄せ合いたいというから……」

「そうだね」とキツネが答えました。

「それでもきみは泣いちゃうんだ?」と王子さまが聞きました。

「そうだよ」「それなら、いいことひとつもないじゃないか」

「いいことはあるよ」とキツネは答えました。

「ほら、金色の麦畑」そしてこんなふうにつけ加えました。「もう一度、庭のバラを見にいきなよ。きみの花がこの世に一輪しかないということがわかるから。そうしたらボクのところに戻ってきて、さよならって言ってよ。ボクはそこできみに、秘密の贈り物をひとつあげるよ」

王子さまはバラたちを見にいきました。

「きみたちはぼくのバラとまったく似てないね。きみたちはまだ、ぼくにとっては意味のない花なんだ」王子さまはバラたちにそう言いました。「だってきみたちはだれにもなついていないし、だれもきみたちになついていない。きみたちはまるで、はじめて会ったときのあのキツネのようだ。十万匹の一匹でしかなかったあのキツネだよ。でも、ぼくらは友だちになった。ぼくにとってはこの世でただ一匹の特別なキツネなんだ」

バラたちはひどく気まずそうな顔になりました。

「きみたちは美しい。でも、ぼくには意味をなさないんだ」王子さまはバラたちに対し、話を続けました。「きみたちのために命をかけることはできない。もちろん、ぼくのあのバラだって、ただの通りすがりの人から見れば、きみたちと似たような花にしか見えないだろう。だけどぼくにとってはたった一輪の花なんだ。あのバラが、きみたちすべてよりもたいせつなんだよ。だってぼくが水をあげたのはあのバラなんだ。おおいをかぶせてあげたのはあのバラなんだよ。ついたてで風から守ってあげたのはあのバラだ。

Ainsi le petit prince apprivoisa le renard. Et quand l'heure du départ fut proche :

« Ah ! dit le renard... Je pleurerai.

— C'est ta faute, dit le petit prince, je ne te souhaitais point de mal, mais tu as voulu que je t'apprivoise...

— Bien sûr, dit le renard.

— Mais tu vas pleurer ! dit le petit prince.

— Bien sûr, dit le renard.

— Alors tu n'y gagnes rien !

— J'y gagne, dit le renard, à cause de la couleur du blé. » Puis il ajouta : « Va revoir les roses. Tu comprendras que la tienne est unique au monde. Tu reviendras me dire adieu, et je te ferai cadeau d'un secret. »

Le petit prince s'en fut revoir les roses.

« Vous n'êtes pas du tout semblables à ma rose, vous n'êtes rien encore, leur dit-il. Personne ne vous a apprivoisées et vous n'avez apprivoisé personne. Vous êtes comme était mon renard. Ce n'était qu'un renard semblable à cent mille autres. Mais j'en ai fait mon ami, et il est maintenant unique au monde. »

Et les roses étaient bien gênées.

« Vous êtes belles mais vous êtes vides, leur dit-il encore. On ne peut pas mourir pour vous. Bien sûr, ma rose à moi, un passant ordinaire croirait qu'elle vous ressemble. Mais à elle seule elle est plus importante que vous toutes, puisque c'est elle que j'ai arrosée. Puisque c'est elle que j'ai mise sous globe, Puisque c'est elle que

アオムシをとってあげたのは（チョウになるように二、三匹はほうっておいたけど）あのバラなんだよ。不平や自慢話や、あるいはなにも言わないときでも、耳を寄せて聞いてあげたのはあのバラなんだ。だって、彼女はぼくのバラなんだから」

そして王子さまはキツネのところに戻りました。

「さよなら」と王子さまは言いました。

「さよなら」とキツネも言いました。「さあ、ボクの秘密の贈り物だ。すごく単純なことだよ。心でしかものは見えないんだ。ほんとうにたいせつなものは目に見えないんだ」

「ほんとうにたいせつなものは目に見えない」この言葉を覚えておくために、王子さまは繰りかえしました。

「きみのバラが、きみにとってそんなにもたいせつなのは、きみが彼女のためにつくした時間のせいなんだよ」

「ぼくの彼女のためにつくした時間」王子さまは忘れないために繰りかえしました。

j'ai abritée par le paravent. Puisque c'est elle dont j'ai tué les chenilles (sauf les deux ou trois pour les papillons). Puisque c'est elle que j'ai écoutée se plaindre, ou se vanter, ou même quelquefois se taire. Puisque c'est ma rose. »

　　Et il revint vers le renard :

　　« Adieu, dit-il...

　　— Adieu, dit le renard. Voici mon secret. Il est très simple : on ne voit bien qu'avec le cœur. L'essentiel est invisible pour les yeux.

　　— L'essentiel est invisible pour les yeux, répéta le petit prince, afin de se souvenir.

　　— C'est le temps que tu as perdu pour ta rose qui fait ta rose si importante.

　　— C'est le temps que j'ai perdu pour ma rose... fit le petit prince, afin de se souvenir.

王子さまは草原にたおれ、泣きました。

Et, couché dans l'herbe, il pleura.

「人間はこの真理を忘れてしまったんだ」とキツネが言いました。「でも、きみは忘れてはいけないよ。きみは、きみに心を寄せたものに対して、いつまでも責任を負うんだ。きみは、きみのバラに責任がある」

「ぼくは、ぼくのバラに責任がある……」王子さまはこの言葉を絶対忘れないように繰りかえしました。

— Les hommes ont oublié cette vérité, dit le renard. Mais tu ne dois pas l'oublier. Tu deviens responsable pour toujours de ce que tu as apprivoisé. Tu es responsable de ta rose...

— Je suis responsable de ma rose... » répéta le petit prince, afin de se souvenir.

22

「こんにちは」と、小さな王子さまが言いました。

「こんにちは」と、線路の切りかえ係が言いました。

「ここで、なにをしているの?」と、王子さまが聞きました。

「線路を切りかえて、お客さんの行きさきを振りわけているのさ。何千人もまとめてね」と、切りかえ係が答えました。「お客さんの乗った列車を、オレがあちこちに送りこむんだ。あるときは右へ。あるときは左へ」

ライトをかがやかせた特急列車が、ごーっと雷のような音をとどろかせ、切りかえ係の小屋をゆらしていきました。

「あの人たち、ものすごく急いでいるんだね」と、王子さまが言いました。「なにをさがしているのだろう?」

「機関車の運転士だって、なんのために走っているのかなんてわからないさ」と、切りかえ係が答えました。

するとまた轟音がして、さっきの列車とは逆の方向から、ライトをこうこうとつけた特急列車がやってきました。

「あの人たち、もう戻ってきたの?」と、王子さまがたずねました。

「同じ人たちじゃないさ」と、切りかえ係が言いました。

「反対のほうに行く列車だもの」

「あの人たちは、自分たちのいたところに満足できなかったのかな?」

「だれだって、自分のいるところには決して満足なんてできないものさ」と、切りかえ係が言いました。

ライトのまばゆい三番目の特急列車が、またごーっと雷のような音をひびかせていきました。

« Bonjour, dit le petit prince.

— Bonjour, dit l'aiguilleur.

— Que fais-tu ici ? dit le petit prince.

— Je trie les voyageurs, par paquets de mille, dit l'aiguilleur. J'expédie les trains qui les emportent, tantôt vers la droite, tantôt vers la gauche. »

Et un rapide illuminé, grondant comme le tonnerre, fit trembler la cabine d'aiguillage.

« Ils sont bien pressés, dit le petit prince. Que cherchent-ils ?

— L'homme de la locomotive l'ignore lui-même », dit l'aiguilleur.

Et gronda, en sens inverse, un second rapide illuminé.

« Ils reviennent déjà ? demanda le petit prince...

— Ce ne sont pas les mêmes, dit l'aiguilleur. C'est un échange.

— Ils n'étaient pas contents, là où ils étaient ?

— On n'est jamais content là où l'on est », dit l'aiguilleur.

Et gronda le tonnerre d'un troisième rapide illuminé.

「あの人たち、最初の列車に乗った人たちを追いかけているの?」と、王子さまが聞きました。

「彼らはなにも追いかけちゃいないさ」と、切りかえ係が言いました。「彼らは列車のなかで、いねむりをしているか、あくびをしているかだよ。ただ子どもたちだけが、窓ガラスに鼻をくっつけているのさ」

「子どもたちだけが、自分たちのさがしているものを知っているんだね」と、王子さまが言いました。そしてこう続けました。「子どもたちはぼろ切れでできた人形と遊んで、ときがたつのを忘れるんだ。だから、その人形がとてもたいせつなものになる。もしだれかに人形を取りあげられたら、子どもたちは泣いてしまうもの……」

「子どもたちは幸せさ」と、切りかえ係が言いました。

« Ils poursuivent les premiers voyageurs ? demanda le petit prince.

— Ils ne poursuivent rien du tout, dit l'aiguilleur. Ils dorment là-dedans, ou bien ils bâillent. Les enfants seuls écrasent leur nez contre les vitres.

— Les enfants seuls savent ce qu'ils cherchent, fit le petit prince. Ils perdent du temps pour une poupée de chiffons, et elle devient très importante, et si on la leur enlève, ils pleurent...

— Ils ont de la chance », dit l'aiguilleur.

23

「こんにちは」と、小さな王子さまが言いました。

「おこんにちは」と、商人が言いました。

彼は、のどの渇きをおさえるというもっとも新しい薬を売る商人でした。その薬を毎週一錠飲むだけで、もうなにかを飲みたいとは思わなくなるのです。

« Bonjour, dit le petit prince.

— Bonjour », dit le marchand.

C'était un marchand de pilules perfectionnées qui apaisent la soif. On en avale une par semaine et l'on n'éprouve plus le besoin de boire.

「どうしてその薬を売っているの?」と、王子さまが聞きました。

「そりゃ、むっちゃ時間の節約になるんですわ」と、商人が言いました。「専門家が計算してくれはったんですけど、一週間に五十三分も節約できるんでっせ」

「それで、その五十三分でなにをするの?」

「なんでもできまんがな。やりたいことを……」

「ぼくだったら」と、小さな王子さまは思いました。

——もし、五十三分の時間をやりたいように使えるなら、水のわきでる泉までゆっくり歩いていきたいなあ……。

« Pourquoi vends-tu ça ? dit le petit prince.

— C'est une grosse économie de temps, dit le marchand. Les experts ont fait des calculs. On épargne cinquante-trois minutes par semaine.

— Et que fait-on de ces cinquante-trois minutes ?

— On en fait ce que l'on veut... »

« Moi, se dit le petit prince, si j'avais cinquante-trois minutes à dépenser, je marcherais tout doucement vers une fontaine... »

24

私の飛行機が砂漠で故障してから、一週間がすぎました。私は、のこっていた水の最後のひとしずくを口にふくみながら、のどの渇きをおさえる薬を売る商人の話を聞いていました。

「ああ!」と、私は小さな王子さまに言いました。「きみの思い出話はとてもステキだったよ。でも、飛行機はまだ修理できていないし、飲む水ももうないんだ。私だって、幸せだろうなと思うよ。もし、水のわきでる泉に向かってゆっくり歩いていけるならば!」

「ぼくの友だちのキツネがね」と、王子さまが私に言いかけました。

「ねえ、かわいい坊や。もうキツネの話はいいよ!」

「どうして?」

「だって、私たちはのどが渇いて死んでしまうのだから……」

彼は私の言っていることがよくわからないのか、こんなふうに言葉を続けました。

「たとえこれから死ぬのだとしても、友だちがいるっていいことだよ。ぼくはね、ほんとうにうれしかったんだ。キツネの友だちができて……」

Nous en étions au huitième jour de ma panne dans le désert, et j'avais écouté l'histoire du marchand en buvant la dernière goutte de ma provision d'eau :

« Ah ! dis-je au petit prince, ils sont bien jolis, tes souvenirs, mais je n'ai pas encore réparé mon avion, je n'ai plus rien à boire, et je serais heureux, moi aussi, si je pouvais marcher tout doucement vers une fontaine !

— Mon ami le renard, me dit-il...

— Mon petit bonhomme, il ne s'agit plus du renard !

— Pourquoi ?

— Parce qu'on va mourir de soif... »

Il ne comprit pas mon raisonnement, il me répondit :

« C'est bien d'avoir eu un ami, même si l'on va mourir. Moi, je suis bien content d'avoir eu un ami renard... »

「せまっている危機が、王子さまにはわからないんだ」と、私は思いました。——彼は決して、お腹がすかないし、のどが渇くこともない。すこしの太陽の光があればそれで満足するんだ……。

しかし王子さまは私を見つめました。そして、私が考えていたことに答えたのです。

「ぼくだってのどが渇くよ……井戸をさがそうよ……」

私は、うんざりだよ、という仕草をしてみせました。この広大な砂漠のなかで、偶然に身をまかせ、ただやみくもに井戸をさがす。それはばかげた行為です。でも、私たちは歩きだしたのです。

私たちは何時間ものあいだ、言葉をかわさずに歩きました。すると、夜になり、星々がかがやきはじめました。あまりにものどが渇いたせいでしょう。私はすこし発熱し、夢を見ているような気分で星空を見ました。頭のなかで、昼間の王子さまの言葉が踊っていました。

「それなら、きみも、のどが渇くんだね?」と、私は王子さまに聞きました。

でも、彼はその問いかけには答えてくれませんでした。ただ、こう言ったのです。「水はね、心にもいいんだよ……」

私は、王子さまのはなった言葉の意味がわかりませんでしたが、なにも言いませんでした。聞きかえしてもしかたがないとわかっていたからです。

王子さまは疲れていました。彼は腰をおろしました。私は彼のそばにすわりました。するとしばらくの沈黙のあと、王子さまはまたこう言ったのです。

「星々は美しいね。ここからは見ることができない一輪の花のせいだよ」

私は、「ほんとうにそうだね」と答えました。そしてなにも話さず、月明かりの下の砂の模様をながめたのです。

「砂漠は美しいね」と、王子さまが言葉を足しました。

まさに、ほんとうにそうでした。私はいつも砂漠を愛していたのです。砂丘にすわると、なにも見えません。なにも聞こえません。でも、静寂のなかで、なにかがかがやいているのです。

« Il ne mesure pas le danger, me dis-je. Il n'a jamais ni faim ni soif. Un peu de soleil lui suffit... »

Mais il me regarda et répondit à ma pensée :

« J'ai soif aussi... cherchons un puits... »

J'eus un geste de lassitude : il est absurde de chercher un puits, au hasard, dans l'immensité du désert. Cependant nous nous mîmes en marche.

Quand nous eûmes marché, des heures, en silence, la nuit tomba, et les étoiles commencèrent de s'éclairer. Je les apercevais comme en rêve, ayant un peu de fièvre, à cause de ma soif. Les mots du petit prince dansaient dans ma mémoire :

« Tu as donc soif, toi aussi ? » lui demandai-je.

Mais il ne répondit pas à ma question. Il me dit simplement : « L'eau peut aussi être bonne pour le cœur... »

Je ne compris pas sa réponse mais je me tus... Je savais bien qu'il ne fallait pas l'interroger.

Il était fatigué. Il s'assit. Je m'assis auprès de lui. Et, après un silence, il dit encore :

« Les étoiles sont belles, à cause d'une fleur que l'on ne voit pas... »

Je répondis « bien sûr » et je regardai, sans parler, les plis du sable sous la lune.

« Le désert est beau », ajouta-t-il...

Et c'était vrai. J'ai toujours aimé le désert. On s'assoit sur une dune de sable. On ne voit rien. On n'entend rien. Et cependant quelque chose rayonne en silence...

「砂漠が美しいのは」と、王子さまが言いました。「どこかに水をたたえた井戸をかくしているからだよ」
私は驚きました。砂漠のこの不思議なかがやき、その秘密が突然理解できたのです。私は子どものこ
ろ、古い屋敷に住んでいました。そこには宝物が埋められているという言い伝えがありました。もちろ
ん、だれもその宝物を発見するすべを知りませんでしたし、おそらくさがそうとした人もいません。でも、
見えないその宝物が、屋敷のすべてに魔法をかけていたのです。私の家はその奥深くに、秘密をかくし
ていたのです……。
「そうだね」と、私は小さな王子さまに言いました。「家でも、星でも、砂漠でも、それを美しくしているの
は、目に見えないものなんだ!」
「うれしいな」と、王子さまは言いました。「ぼくのキツネの考えを、あなたが受けいれてくれて」
王子さまがねむりはじめたので、私は彼を腕にかかえ、また歩きだしました。私の胸は感動であふれそう
でした。こわれやすい宝物をかかえて歩いているような気持なのです。この地球上で、王子さまよりも
こわれやすいものはないという思いさえするのでした。月明かりの下で、私は王子さまの青白いひたい
や、閉じられた目、風にゆれている髪のふさを見ました。そしてこう思ったのです。「私の目にうつってい
るものは、それでもただの外側の殻にすぎない。ほんとうにたいせつなものは目に見えないんだ……」
わずかに開いた王子さまのくちびるが、うっすらとほほえみをたたえます。私はまた胸のなかでこうつぶ
やきました。「王子さまの寝顔がこんなにも強く私をうつのは、彼の心のなかで咲いている花への、ゆら
ぐことのないその想いのせいなんだ。一輪のバラの花のまばゆいばかりのおもかげが、ランプの灯の
ように王子さまの胸の内側を照らしているからだ。王子さまが寝ているときでさえ……」すると私には、王
子さまがさらにこわれやすいもののように思えてきたのです。ランプの灯りは守ってやらなければならな
い。風の一吹きで消えてしまうものなのだから……。
こんなふうに思いながら私は王子さまを抱いて歩き続け、夜が明けるころに、井戸を見つけたのです。

« Ce qui embellit le désert, dit le petit prince, c'est qu'il cache un puits quelque part... »

Je fus surpris de comprendre soudain ce mystérieux rayonnement du sable. Lorsque j'étais petit garçon
j'habitais une maison ancienne, et la légende racontait qu'un trésor y était enfoui. Bien sûr, jamais personne
n'a su le découvrir, ni peut-être même ne l'a cherché. Mais il enchantait toute cette maison. Ma maison
cachait un secret au fond de son cœur...

« Oui, dis-je au petit prince, qu'il s'agisse de la maison, des étoiles ou du désert, ce qui fait leur beauté
est invisible !

— Je suis content, dit-il, que tu sois d'accord avec mon renard. »

Comme le petit prince s'endormait, je le pris dans mes bras, et me remis en route. J'étais ému. Il me
semblait porter un trésor fragile. Il me semblait même qu'il n'y eût rien de plus fragile sur la Terre. Je
regardais, à la lumière de la lune, ce front pâle, ces yeux clos, ces mèches de cheveux qui tremblaient au vent,
et je me disais : « Ce que je vois là n'est qu'une écorce. Le plus important est invisible... »

Comme ses lèvres entrouvertes ébauchaient un demi-sourire je me dis encore : « Ce qui m'émeut si
fort de ce petit prince endormi, c'est sa fidélité pour une fleur, c'est l'image d'une rose qui rayonne en lui
comme la flamme d'une lampe, même quand il dort... » Et je le devinai plus fragile encore. Il faut bien
protéger les lampes : un coup de vent peut les éteindre...

Et, marchant ainsi, je découvris le puits au lever du jour.

王子さまはほほえみました。そしてロープにさわり、滑車を動かしました。

Il rit, toucha la corde, fit jouer la poulie.

　「人間は」と、王子さまが言いました。「特急列車にわれさきになだれこむよね。でも、なにをさがしているのかみんなわからないんだ。だから、あっちに行ったりこっちに行ったり、ぐるぐる回ったりしている……」

そして彼は言葉をつけ加えました。

　「そんな苦労をしなくてもいいのにね……」

私たちがたどりついた井戸は、サハラ砂漠で見かけるものとはちがっていました。サハラ砂漠の井戸は、砂地に掘られたただの穴なのです。私たちが見つけたのは、村の井戸に似ていました。でも、そこには村などありませんから、私は夢を見ているような気分でした。

　「へんだねえ」と、私は王子さまに言いました。「すべてととのっているよ。滑車も桶もロープもある……」

王子さまはほほえみました。そしてロープにさわり、滑車を動かしました。すると滑車が音をたてました。長いあいだ絶えていた風が吹き、古い風見鶏がぎーっときしむような音です。

　「聞こえるよね」と、王子さまがささやきました。「ぼくたち、この井戸をよみがえらせたよ。ほらね、井戸が歌っている……」

私は、王子さまに無理をさせたくありませんでした。

　「私にやらせて。きみには重すぎるよ」

水くみの桶を、私は井戸のへりの石までゆっくりと引っぱりあげました。そしてそこに桶をしっかり安定させて置いたのです。私の耳には、滑車の歌が続けて聞こえていました。そして桶の、まだゆれている水面で、太陽がきらきらとふるえていました。

　「ぼくはこの水が飲みたかったんだ」と、王子さまが言いました。「ねえ、飲ませて……」

王子さまがさがしていたもの。私にはそれがようやくわかったのです！

« Les hommes, dit le petit prince, ils s'enfournent dans les rapides, mais ils ne savent plus ce qu'ils cherchent. Alors ils s'agitent et tournent en rond... »

Et il ajouta :

« Ce n'est pas la peine... »

Le puits que nous avions atteint ne ressemblait pas aux puits sahariens. Les puits sahariens sont de simples trous creusés dans le sable. Celui-là ressemblait à un puits de village. Mais il n'y avait là aucun village, et je croyais rêver.

« C'est étrange, dis-je au petit prince, tout est prêt : la poulie, le seau et la corde... »

Il rit, toucha la corde, fit jouer la poulie. Et la poulie gémit comme gémit une vieille girouette quand le vent a longtemps dormi.

« Tu entends, dit le petit prince, nous réveillons ce puits et il chante... »

Je ne voulais pas qu'il fit un effort :

« Laisse-moi faire, lui dis-je, c'est trop lourd pour toi. »

Lentement je hissai le seau jusqu'à la margelle. Je l'y installai bien d'aplomb. Dans mes oreilles durait le chant de la poulie et, dans l'eau qui tremblait encore, je voyais trembler le soleil.

« J'ai soif de cette eau-là, dit le petit prince, donne-moi à boire... »

Et je compris ce qu'il avait cherché !

私は、王子さまの口もとまで桶を持ちあげました。王子さまは両目を閉じて桶の水を飲みました。それは祝祭のように幸福な瞬間でした。この水は、ただ飲めればいいという水とはまったく別のものなのです。星空の下を二人でとぼとぼと歩き続け、ようやく出会った井戸です。滑車がたてる歌声とともに、私が一生けんめいに腕まくりをしてくみあげた水なのです。心にやわらかにしみわたる、素晴らしい贈り物だったのです。私が子どもだったころ、クリスマスにもらった贈り物があんなにも魅力的だったのは、クリスマスツリーの灯りや、真夜中のミサの音楽、みんなのあたたかな笑顔など、そのすべてがそろってかがやきを与えていたからなのです。

「あなたの星の人たちは」と、王子さまがつぶやきました。「ひとつの同じ庭で、五千ものバラを咲かせている……でも、さがしているものを見つけられないんだ……」

「そう。見つけられない」と、私は返事をしました。

「だけど、みんながさがしているものは、一輪のバラやわずかな水のなかに見つけられるのかもしれないのに……」

「そのとおりだね」と、私は答えました。

王子さまはさらに言いました。

「でも、目にはそれが見えないんだ。心でさがさなければいけないんだよ」

私は水を飲みました。胸の底まで息を吸いこみました。夜明けの砂漠は、はちみつのような色です。水を飲めたことに加え、このはちみつの色が私を幸せな気分にさせました。それでも私は思いました。どうしてまだ、自分の心には痛みのようなものがあるのだろうかと……。

「あなたは約束を守らないといけないよ」と、小さな王子さまが私にそっとささやきました。彼はふたたび、私のすぐそばにすわっていたのです。

「どんな約束?」

「あのね、約束したよ……ぼくのヒツジのための口輪……ぼくはあの花を守ってあげる責任があるんだ!」

Je soulevai le seau jusqu'à ses lèvres. Il but, les yeux fermés. C'était doux comme une fête. Cette eau était bien autre chose qu'un aliment. Elle était née de la marche sous les étoiles, du chant de la poulie, de l'effort de mes bras. Elle était bonne pour le cœur, comme un cadeau. Lorsque j'étais petit garçon, la lumière de l'arbre de Noël, la musique de la messe de minuit, la douceur des sourires faisaient ainsi tout le rayonnement du cadeau de Noël que je recevais.

« Les hommes de chez toi, dit le petit prince, cultivent cinq mille roses dans un même jardin... et ils n'y trouvent pas ce qu'ils cherchent.

— Ils ne le trouvent pas, répondis-je...

— Et cependant ce qu'ils cherchent pourrait être trouvé dans une seule rose ou un peu d'eau...

— Bien sûr », répondis-je.

Et le petit prince ajouta :

« Mais les yeux sont aveugles. Il faut chercher avec le cœur. »

J'avais bu. Je respirais bien. Le sable, au lever du jour, est couleur de miel. J'étais heureux aussi de cette couleur de miel. Pourquoi fallait-il que j'eusse de la peine...

« Il faut que tu tiennes ta promesse », me dit doucement le petit prince, qui, de nouveau, s'était assis auprès de moi.

« Quelle promesse ?

— Tu sais... une muselière pour mon mouton... je suis responsable de cette fleur ! »

私はポケットから、絵の下書きを何枚か取りだしました。小さな王子さまはそれらを見るなり、笑いながらこう言いました。
「あなたの描いたバオバブ、ちょっとキャベツに似ているね……」
「え!」私はバオバブの絵にけっこうな自信を持っていたのに!
「あなたの描いたフェネックキツネ……すごい耳だ……まるで角みたいだね……耳がいくらなんでも長すぎるよ!」
王子さまはまた笑いました。
「きみは不公平だよ。かわいい坊や、私はボアの内側と外側しか絵を描いたことがなかったのだから」
「ああ!　大丈夫だって。子どもたちにはわかるよ」
それで私は口輪の絵を描きました。ところがその絵を彼にわたしながら、胸がしめつけられるような不安を覚えたのです。
「きみは、私の知らないことを計画しているね……」
しかし、王子さまはそれにはひとことも答えず、こう言いました。
「あのね、ぼくが地球に落ちてきてから……明日で、一年になるんだ……」
そしてしばらくの沈黙のあとで、こうつぶやいたのです。
「ぼくは、このすぐそばに落ちてきたんだ……」
王子さまはそこで顔を赤らめました。
するとふたたび、どうしてなのか理由はわからないけれど、なんとも言えない奇妙なかなしみが胸にわき上がりました。そしてその一方で、聞いてみたいひとつの考えが浮かんだのです。
「それなら、一週間前にきみと出会った朝、人里を千マイルもはなれたこんな場所を、きみがたった一人でさまよっていたというのは、偶然ではなかったんだね!　落ちてきた場所に、きみは戻ろうとしていたんだね?」
王子さまは、また顔を赤らめました。

Je sortis de ma poche mes ébauches de dessin. Le petit prince les aperçut et dit en riant :

« Tes baobabs, ils ressemblent un peu à des choux...

— Oh ! » Moi qui étais si fier des baobabs !

« Ton renard... ses oreilles... elles ressemblent un peu à des cornes... et elles sont trop longues ! »

Et il rit encore.

« Tu es injuste, petit bonhomme, je ne savais rien dessiner que les boas fermés et les boas ouverts.

— Oh ! ça ira, dit-il, les enfants savent. »

Je crayonnai donc une muselière. Et j'eus le cœur serré en la lui donnant :

« Tu as des projets que j'ignore... »

Mais il ne me répondit pas. Il me dit :

« Tu sais, ma chute sur la Terre... c'en sera demain l'anniversaire... »

Puis, après un silence il dit encore :

« J'étais tombé tout près d'ici... »

Et il rougit.

Et de nouveau, sans comprendre pourquoi, j'éprouvai un chagrin bizarre. Cependant une question me vint :

« Alors ce n'est pas par hasard que, le matin où je t'ai connu, il y a huit jours, tu te promenais comme ça, tout seul, à mille milles de toutes les régions habitées ! Tu retournais vers le point de ta chute ? »

Le petit prince rougit encore.

私は言うべきかどうかとまどいながらも、こう続けました。
「つまり、おそらく、一年目のなにかのために?……」
王子さまはさらに顔を赤らめました。彼はこちらからの問いかけにまったく答えてくれません。でも、顔を赤らめるということは、「はい」と答えているのと同じではないでしょうか。ね、そうですよね。
「ああ！　なんだかこわいなあ……」
と、私は言いました。でも、王子さまは私にこう切りかえしてきたのです。「さあ、あなたは修理の仕事をしないと。機械のところに戻らないといけないでしょう。ぼくはここであなたを待つよ。明日の夕方、また戻ってきてね……」
そんなことを言われても、私の胸の不安は消えませんでした。私は彼が語ってくれたキツネのことを思いだしました。心を合わせた友ができたのなら、すこし泣いてしまうときもくるのでしょう……。

Et j'ajoutai, en hésitant :

« À cause, peut-être, de l'anniversaire ?... »

Le petit prince rougit de nouveau. Il ne répondait jamais aux questions, mais, quand on rougit, ça signifie « oui », n'est-ce pas ?

« Ah ! lui dis-je, j'ai peur... »

Mais il me répondit : « Tu dois maintenant travailler. Tu dois repartir vers ta machine. Je t'attends ici. Reviens demain soir... »

Mais je n'étais pas rassuré. Je me souvenais du renard. On risque de pleurer un peu si l'on s'est laissé apprivoiser...

26

　　井戸の横には、なかばくずれた古い石の壁がありました。翌日の夕方、私が飛行機の修理から戻ると、小さな王子さまがその壁の上にすわり、足をぶらぶらさせているのが遠くから見えました。そして、彼の話す声が聞こえてきたのです。
「それじゃあ、きみは場所を覚えていないの?」と、王子さまは話していました。
「ここじゃない。まったくちがうところだよ!」
あきらかに、別の声が王子さまになにか言いかえしていました。だって、王子さまはこう答えたのです。
「そう!　そうだよ!　日にちは合ってるんだ。でも、場所はここじゃないよ……」
私は壁に向かって歩き続けました。まったくだれの姿も見えず、声も聞こえませんでした。それにもかかわらず、王子さまはまたこう言ったのです。

Il y avait, à côté du puits, une ruine de vieux mur de pierre. Lorsque je revins de mon travail, le lendemain soir, j'aperçus de loin mon petit prince assis là-haut, les jambes pendantes. Et je l'entendis qui parlait :

« Tu ne t'en souviens donc pas ? disait-il. Ce n'est pas tout à fait ici ! »

Une autre voix lui répondit sans doute, puisqu'il répliqua :

« Si ! Si ! c'est bien le jour, mais ce n'est pas ici l'endroit... »

Je poursuivis ma marche vers le mur. Je ne voyais ni n'entendais toujours personne. Pourtant le petit prince répliqua de nouveau :

「うん……それでいい。砂の上の、ぼくの足あとがはじまったところを見てよ。きみはそこでぼくを待つだけでいいんだ。今夜、ぼくはそこに行くから」

壁から二十メートルのところまで私は近づきました。でもやはり、なにも見えないのです。王子さまはすこしだまりこんだあとで、ふたたび口を開きました。

「きみはいい毒を持っているの？　たしかなの？　ぼくを長く苦しめない？」

私は足をとめました。胸がしめつけられるようでした。でも、いったいなにが起きているのか、ちっともわからないのです。

「さあ、もう行ってよ」と、彼が言いました。「ぼくは、ここから降りたいんだ！」それで私は、目を壁の下のほうに向けたのです。そして飛び上がりました！　そこにいたのはヘビでした。みなさんのような子どもならたった三十秒で殺してしまうことができる猛毒の黄色いヘビです。その一匹が、王子さまのほうに鎌首をもたげていたのです。私はピストルを取りだそうとポケットをさぐりながら、駆けだしていました。しかし、私がたてた足音のせいで、ヘビは噴水の水が消えるように一瞬にして頭をさげ、砂の上をゆっくりとくねっていきました。そして、急ぐわけでもなく、金属のような音をわずかにたてながら、石のあいだにもぐって消えていったのです。私はやっと壁にたどり着き、雪のように顔が青白くなっている私の小さな王子さまをこの腕に抱きとめました。

「これはいったいどういうことだ！　きみは今、ヘビと話をしていたんだね！」

私は、王子さまがいつも首に巻いている金色のマフラーをほどいてやりました。こめかみを湿らせてやり、水も飲ませました。もはや私は、彼になにかを問いただそうなどとは思いませんでした。王子さまは私を真剣に見つめ、私の首に両腕を巻きつけてきました。王子さまの胸の鼓動が伝わってきます。まるでカービン銃で撃たれ、死にかかっている鳥の心臓のようです。彼は私に言いました。

「ぼく、うれしいよ。あなたの機械の故障の理由がわかって。これであなたは、おうちに帰れるんでしょう……」

「どうしてそれがわかったんだ！」

« ... Bien sûr. Tu verras où commence ma trace dans le sable. Tu n'as qu'à m'y attendre. J'y serai cette nuit. »

J'étais à vingt mètres du mur et je ne voyais toujours rien. Le petit prince dit encore, après un silence :

« Tu as du bon venin ? Tu es sûr de ne pas me faire souffrir longtemps ? »

Je fis halte, le cœur serré, mais je ne comprenais toujours pas.

« Maintenant va-t'en, dit-il... je veux redescendre ! » Alors j'abaissai moi-même les yeux vers le pied du mur, et je fis un bond ! Il était là, dressé vers le petit prince, un de ces serpents jaunes qui vous exécutent en trente secondes. Tout en fouillant ma poche pour en tirer mon revolver, je pris le pas de course, mais, au bruit que je fis, le serpent se laissa doucement couler dans le sable, comme un jet d'eau qui meurt, et, sans trop se presser, se faufila entre les pierres avec un léger bruit de métal. Je parvins au mur juste à temps pour y recevoir dans les bras mon petit bonhomme de prince, pâle comme la neige.

« Quelle est cette histoire-là ! Tu parles maintenant avec les serpents ! »

J'avais défait son éternel cache-nez d'or. Je lui avais mouillé les tempes et l'avais fait boire. Et maintenant je n'osais plus rien lui demander. Il me regarda gravement et m'entoura le cou de ses bras. Je sentais battre son cœur comme celui d'un oiseau qui meurt, quand on l'a tiré à la carabine. Il me dit :

« Je suis content que tu aies trouvé ce qui manquait à ta machine. Tu vas pouvoir rentrer chez toi...

— Comment sais-tu ! »

「さあ、もう行ってよ」と、彼が言いました。「ぼくは、ここから降りたいんだ！」

« Maintenant va-t'en, dit-il... je veux redescendre ! »

私はまさに、彼にそれを告げようと思ってやってきたのです。もうだめだと思っていたのに、飛行機の修理が成功したことを!

王子さまは私の問いかけには答えてくれませんでした。しかし、こうつぶやきました。

「ぼくも、今日、ぼくの星に帰るんだよ……」

そして、ものうげに……。

「ぼくのところは、あなたの家よりずっと遠いんだ……帰るのはずっとむずかしい……」

なにかとんでもないことが王子さまの身に起ころうとしていると、私は体で感じとりました。幼い子に接するかのように、私は王子さまを両腕で抱きしめました。なんとかして彼をこの場にとどめておきたいという気持ちがつのります。しかし、まるで彼は、私の腕をすりぬけて、深い穴にまっすぐ落ちていくかのようなのです……。

彼は真剣なまなざしをしていましたが、目の前が見えていないかのようでした。

「ぼく、あなたのヒツジを持っているよ。ヒツジがねむる小屋もある。それからあなたが描いてくれたヒツジの口輪も……」

そしてかなしげにそっとほほえんだのです。

私はずっと王子さまを抱きしめていました。彼の体がだんだんとあたたかくなってくるのを感じました。

「かわいい坊や、きみはこわかったんだね……」

そうです。もちろん彼はこわかったのです!　でも、彼はふたたびやわらかに笑いました。

「今夜は、ぼく、もっとこわい思いをするんだろうな……」

私はまた体に冷たいものが走るのを感じました。もう、とりかえしのつかないところまできているのです。王子さまの笑い声を、もう二度と聞くことができなくなる。そんなことを想像するのは耐えられないと思いました。私にとっては、彼の笑い声こそ、砂漠のなかの泉に等しいからです。

「かわいい坊や、私はまだまだ、きみの笑い声を聞いていたいんだ……」

でも、彼はこう言いました。

Je venais justement lui annoncer que, contre toute espérance, j'avais réussi mon travail !

Il ne répondit rien à ma question, mais il ajouta :

« Moi aussi, aujourd'hui, je rentre chez moi... »

Puis, mélancolique :

« C'est bien plus loin... c'est bien plus difficile... »

Je sentais bien qu'il se passait quelque chose d'extraordinaire. Je le serrais dans les bras comme un petit enfant, et cependant il me semblait qu'il coulait verticalement dans un abîme sans que je pusse rien pour le retenir...

Il avait le regard sérieux, perdu très loin :

« J'ai ton mouton. Et j'ai la caisse pour le mouton. Et j'ai la muselière... »

Et il sourit avec mélancolie.

J'attendis longtemps. Je sentais qu'il se réchauffait peu à peu : « Petit bonhomme, tu as eu peur... »

Il avait eu peur, bien sûr ! Mais il rit doucement :

« J'aurai bien plus peur ce soir... »

De nouveau je me sentis glacé par le sentiment de l'irréparable. Et je compris que je ne supportais pas l'idée de ne plus jamais entendre ce rire. C'était pour moi comme une fontaine dans le désert.

« Petit bonhomme, je veux encore t'entendre rire... »

Mais il me dit :

「今夜で、ちょうど一年がたつんだ。ぼくの星は、去年ぼくが落ちてきたところのちょうど真上にくるんだよ……」

「かわいい坊や。これはきっと、わるい夢を見ているんだね。ヘビの話だとか、ヘビと会う約束だとか、星がどうだとか……」

しかし彼はなにも答えてくれず、こう言ったのです。「たいせつなものは、目に見えないんだ……」

「そうだったね……」

「あの花への思いと同じなんだ。もしあなたが、どこかの星の一輪の花をいとおしく思うなら、それはステキなことだよ。夜、星空をながめると、すべての星の花が咲いているんだ」

「そうだね……」

「あのときの水への思いと同じなんだ。あなたがぼくに飲ませてくれた水は音楽のようだった。滑車やロープが歌って……あなたも覚えているでしょう……あの水は、ステキだった」

「ほんとうだ……」

「夜になったら、星々を見てね。ぼくの星は小さすぎて、ここにあるよって見せてあげることができないんだ。でもそれでいいんだよ。あなたにとっては、たくさんの星々のどれかひとつがぼくの星になるわけでしょう。それなら、すべての星々をいとおしいと思ってながめるようになる。そうしたら、星はすべてあなたの友だちになるんだ。そこでぼくはあなたに贈り物をあげる……」

王子さまがまた笑いました。

「ああ！ 坊や。私のたいせつな小さな王子さま。きみのその笑い声を聞くのが私は好きなんだよ！」

「それがぼくの贈り物なんだ……あなたが飲ませてくれたあの水のように……」

「どういう意味だい?」

「だれの頭の上にも星はあるけれど、みんな同じ気持ちでながめているわけじゃないんだ。旅をする人たちにとって、星は道案内になる。別の人たちにとって星は、つまらない、ただの小さな光の点にすぎ

« Cette nuit, ça fera un an. Mon étoile se trouvera juste au-dessus de l'endroit où je suis tombé l'année dernière...

— Petit bonhomme, n'est-ce pas que c'est un mauvais rêve cette histoire de serpent et de rendez-vous et d'étoile... »

Mais il ne répondit pas à ma question. Il me dit : « Ce qui est important, ça ne se voit pas...

— Bien sûr...

— C'est comme pour la fleur. Si tu aimes une fleur qui se trouve dans une étoile, c'est doux, la nuit, de regarder le ciel. Toutes les étoiles sont fleuries.

— Bien sûr...

— C'est comme pour l'eau. Celle que tu m'as donnée à boire était comme une musique, à cause de la poulie et de la corde... tu te rappelles... elle était bonne.

— Bien sûr...

— Tu regarderas, la nuit, les étoiles. C'est trop petit chez moi pour que je te montre où se trouve la mienne. C'est mieux comme ça. Mon étoile, ça sera pour toi une des étoiles. Alors, toutes les étoiles, tu aimeras les regarder... Elles seront toutes tes amies. Et puis je vais te faire un cadeau... »

Il rit encore.

« Ah ! petit bonhomme, petit bonhomme j'aime entendre ce rire !

— Justement ce sera mon cadeau... ce sera comme pour l'eau...

— Que veux-tu dire ?

— Les gens ont des étoiles qui ne sont pas les mêmes. Pour les uns, qui voyagent, les étoiles sont des guides. Pour d'autres elles ne sont rien que de petites lumières. Pour d'autres qui sont savants elles sont des problèmes.

ない。星を研究している人たちにとっては、問いかけで埋まった空だ。ぼくが会った実業家は、星のことを財産だと思っていた。だけど、そういった星はみんな同じ。静かにだまりこんでいる星なんだよ。でも、あなたは、まだだれ一人ながめたことのない星々を持つことになる……」

「なにを言いたいんだい?」

「夜空を見上げてよ。ぼくは一面にかがやく星々のひとつに住んでいて、そこで笑っているんだ。するとあなたからは、すべての星が笑っているように見える。だから、あなたは笑うことのできる星々を友だちにできるんだ!」

そう言って王子さまが笑いました。

「さよならのかなしみがやわらいでくれば(いつだって人は立ち直れます)、あなたはぼくと知り合ったことを、じっくりと味わい深く感じられるようになるよ。そうしてあなたは、ぼくと永遠の友だちになるんだ。あなたは、ぼくといっしょに笑いたくなるときがくる。するとあなたは愉快な気持になるために、ときどき窓をあけて……あなたの友だちはびっくりするだろうね。夜空を見上げながらあなたが笑っているのだから。それなら言ってあげればいいよ。『そうだよ。星ってやつはいつも笑わせるね!』って。きっとみんな、あなたがどうかしてしまったんじゃないかと思う。ぼくはあなたに、たちのわるいいたずらをしてしまったことになるね……」

そしてまた彼は笑ったのです。

「星々のかわりに、笑うことができるたくさんの小さな鈴を、あなたにあげたようなものだね……」

こう言って笑ったあと、王子さまはまた真剣な表情をしました。

「今夜なんだ……ねえ……きちゃだめだよ」

「私はきみのそばにいるよ」

「ぼくはきっと、苦しそうな感じになると思うんだ……死んでいくみたいに見えると思う。そういうものなんだよ。だから見にこないでよ。わざわざくる必要はないよ……」

「私はきみのそばにいる」

Pour mon businessman elles étaient de l'or. Mais toutes ces étoiles-là se taisent. Toi, tu auras des étoiles comme personne n'en a...

— Que veux-tu dire ?

— Quand tu regarderas le ciel, la nuit, puisque j'habiterai dans l'une d'elles, puisque je rirai dans l'une d'elles, alors ce sera pour toi comme si riaient toutes les étoiles. Tu auras, toi, des étoiles qui savent rire ! »

Et il rit encore.

« Et quand tu seras consolé (on se console toujours) tu seras content de m'avoir connu. Tu seras toujours mon ami. Tu auras envie de rire avec moi. Et tu ouvriras parfois ta fenêtre, comme ça, pour le plaisir... Et tes amis seront bien étonnés de te voir rire en regardant le ciel. Alors tu leur diras : ‹ Oui, les étoiles, ça me fait toujours rire ! › Et ils te croiront fou. Je t'aurai joué un bien vilain tour... »

Et il rit encore.

« Ce sera comme si je t'avais donné, au lieu d'étoiles, des tas de petits grelots qui savent rire... »

Et il rit encore. Puis il redevint sérieux :

« Cette nuit... tu sais... ne viens pas.

— Je ne te quitterai pas.

— J'aurai l'air d'avoir mal... j'aurai un peu l'air de mourir. C'est comme ça. Ne viens pas voir ça, ce n'est pas la peine...

— Je ne te quitterai pas. »

王子さまは悩ましい顔になりました。

「言ってしまうとね……つまりそれはヘビのせいなんだよ。ヘビがあなたにかみついちゃいけないから……ヘビってやつはいじわるなんだ。あいつら、遊び半分でかみつくこともあるんだよ……」

「私はずっときみのそばにいるよ」

しかし、なにか頭に浮かんだのか、王子さまは安心したような表情に戻りました。

「そうだ。ヘビが二回目にかんだときは、もう毒がないって……」

その夜、私は王子さまが出ていったことに気づきませんでした。王子さまは物音ひとつたてずに私のもとを抜けだしていったのです。なんとか王子さまに追いついたとき、彼は決意したように、早足で歩いていました。王子さまは私にただひとことだけはなちました。

Mais il était soucieux.

« Je te dis ça... c'est à cause aussi du serpent. Il ne faut pas qu'il te morde... Les serpents, c'est méchant. Ça peut mordre pour le plaisir...

— Je ne te quitterai pas. »

Mais quelque chose le rassura :

« C'est vrai qu'ils n'ont plus de venin pour la seconde morsure... »

Cette nuit-là je ne le vis pas se mettre en route. Il s'était évadé sans bruit. Quand je réussis à le rejoindre il marchait décidé, d'un pas rapide. Il me dit seulement :

「あ！　きちゃった……」彼は私の手を取りました。しかし、やはり不安げな表情でした。

「きちゃいけなかったのに。苦しい思いをするよ。ぼくはきっと死んでしまうように見えるよ。でも、それはほんとうじゃないんだ……」

私は、だまっていました。

「ねえ、わかってよ。ぼくのところ、すごく遠いんだ。この体を持っていくことはできないんだ。重すぎるもの」

私は、だまっていました。

「でも、それは脱ぎ捨てられた古い殻のようなものなんだよ。古い殻なんだから、ちっともかなしくないよね……」

私は、だまっていました。

王子さまはすこしくじけたような様子になりました。でも、気をとりなおして、こう言ってきたのです。

「それは、ステキなことだよ。ねえ。ぼくも同じなんだ。夜空を見ると、すべての星々がさびついた滑車つきの井戸になるんだ。星々がすべて、ぼくに水をそそいで飲ませてくれるんだから……」

« Ah ! tu es là... » Et il me prit par la main. Mais il se tourmenta encore :

« Tu as eu tort. Tu auras de la peine. J'aurai l'air d'être mort et ce ne sera pas vrai... »

Moi je me taisais.

« Tu comprends. C'est trop loin. Je ne peux pas emporter ce corps-là. C'est trop lourd. »

Moi je me taisais.

« Mais ce sera comme une vieille écorce abandonnée. Ce n'est pas triste les vieilles écorces... »

Moi je me taisais.

Il se découragea un peu. Mais il fit encore un effort :

« Ce sera gentil, tu sais. Moi aussi je regarderai les étoiles. Toutes les étoiles seront des puits avec une poulie rouillée. Toutes les étoiles me verseront à boire... »

私は、だまっていました。

「ほんとうに愉快なことなんだよ！　あなたは五億の鈴を持つ。ぼくは五億のわきでる泉を持つ……」

そして彼もふいにだまりました。なぜなら、泣いていたからです。

「あそこだよ。ここからは、一人で行かせてね」

王子さまはそこでしゃがみこんでしまいました。こわかったのでしょう。そしてまた、彼はこう言いました。

「あのね……ぼくのバラの花……あの花を大切にしてあげなければいけない責任がぼくにはあるんだ。だって、ほんとうにはかない花なんだ！　ほんとうに無邪気なんだ。なんの役にも立たない四本のとげだけで、世界から身を守ろうとしているんだ……」

私もまたしゃがみこんでしまいました。もうそれ以上、立っていられなかったからです。王子さまが言いました。

「さあ……さよならだよ……」

王子さまはまだすこしためらっているようでしたが、続けて立ち上がりました。そして足を踏みだしたのです。私は動くことができませんでした。

王子さまの足首のそばを走りぬける黄色い光が見えただけです。王子さまは一瞬、身じろぎもせずに立っていました。そして声を発することもなく、木がたおれるようにゆっくりとくずれ落ちたのです。砂漠は、王子さまがたおれる音さえも飲みこんでしまいました。

Moi je me taisais.

« Ce sera tellement amusant ! Tu auras cinq cents millions de grelots, j'aurai cinq cents millions de fontaines... »

Et il se tut aussi, parce qu'il pleurait...

« C'est là. Laisse-moi faire un pas tout seul. »

Et il s'assit parce qu'il avait peur. Il dit encore :

« Tu sais... ma fleur... j'en suis responsable ! Et elle est tellement faible ! Et elle est tellement naïve. Elle a quatre épines de rien du tout pour la protéger contre le monde... »

Moi je m'assis parce que je ne pouvais plus me tenir debout. Il dit :

« Voilà... C'est tout... »

Il hésita encore un peu, puis il se releva. Il fit un pas. Moi je ne pouvais pas bouger.

Il n'y eut rien qu'un éclair jaune près de sa cheville. Il demeura un instant immobile. Il ne cria pas. Il tomba doucement comme tombe un arbre. Ça ne fit même pas de bruit, à cause du sable.

27

そう。あれからもう、六年がすぎました……私はまだ、王子さまと出会ったことをだれにも話していません。あのとき、私と再会した仲間たちは、私が元気で帰ってきたことをすごくよろこんでくれました。王子さまとのことがあったので、私はとてもかなしかったのですが、仲間たちには「疲れのせいだよ」と伝えました。

Et maintenant, bien sûr, ça fait six ans déjà... Je n'ai jamais encore raconté cette histoire. Les camarades qui m'ont revu ont été bien contents de me revoir vivant. J'étais triste mais je leur disais :

« C'est la fatigue... »

木がたおれるようにゆっくりとくずれおちたのです。

Il tomba doucement comme tombe un arbre.

今では、すこしだけ気持ちがなぐさめられています。つまり……まったく大丈夫ですよ、というわけではありません。でも、王子さまが自分の星に帰ったことを、私はよくわかっています。なぜなら、夜が明けてみると、王子さまの体はどこにも見当たらなかったからです。彼が思っていたほど重い体ではなかったのでしょう……。それで私は、夜になると星々のもとで耳をすますのが好きなのです。五億の鈴の音にも似たその星空に、耳をかたむけるのです……。

ただ、とんでもないことがひとつ起きていました。小さな王子さまに描いてあげたヒツジの口輪。私はそこに、皮ひもをつけたすことを忘れていたのです！ あれでは、ヒツジに口輪をつけておくことができません。だから私は心配しているのです。

「王子さまの星はどうなっているだろう？ ヒツジは花を食べてしまったかもしれない……」

ときには、こうも思います。「そんなわけがないだろう！ 小さな王子さまは、毎晩ガラスのおおいを花にかぶせてあげている。それに、彼はヒツジをちゃんと見はっているよ……」

こんなふうに思えるとき、私は幸せなのです。すべての星がおだやかに笑っています。でも、ときにはまた、こうも考えます。「一度や二度はだれでもうっかりするものだ。ことが起きるのに、それでじゅうぶんではないか！ ある夜、王子さまがガラスのおおいを忘れてしまう。あるいは、物音もたてずにヒツジが逃げだしてしまう……」

すると、星空いっぱいの鈴の音は、かなしみの涙へとかわるのです。これは、とても不思議なことです。小さな王子さまをいとおしむみなさんにとって、そして私にとってもそうですが、どこかわからないところで、私たちの知らない一頭のヒツジが一輪のバラを食べてしまったかどうかで、この宇宙全体の印象がすっかりかわってしまうのですから。

夜空を見上げてください。そして、こんなふうに問いかけてみてください。「ヒツジは花を食べてしまったの？ それとも食べていないの？」 みなさんも、答えをどう想像するかで、なにもかもがちがって見えるでしょう……。

でも、大人たちは、まったくわかっていないのです。それがどれだけたいせつなことであるかを！

Maintenant je me suis un peu consolé. C'est à dire... pas tout à fait. Mais je sais bien qu'il est revenu à sa planète, car, au lever du jour, je n'ai pas retrouvé son corps. Ce n'était pas un corps tellement lourd... Et j'aime la nuit écouter les étoiles. C'est comme cinq cent millions de grelots...

Mais voilà qu'il se passe quelque chose d'extraordinaire. La muselière que j'ai dessinée pour le petit prince, j'ai oublié d'y ajouter la courroie de cuir ! Il n'aura jamais pu l'attacher au mouton. Alors je me demande : « Que s'est-il passé sur sa planète ? Peut-être bien que le mouton a mangé la fleur... »

Tantôt je me dis : « Sûrement non ! Le petit prince enferme sa fleur toutes les nuits sous son globe de verre, et il surveille bien son mouton... » Alors je suis heureux. Et toutes les étoiles rient doucement.

Tantôt je me dis : « On est distrait une fois ou l'autre, et ça suffit ! Il a oublié, un soir, le globe de verre, ou bien le mouton est sorti sans bruit pendant la nuit... » Alors les grelots se changent tous en larmes !...

C'est là un bien grand mystère. Pour vous qui aimez aussi le petit prince, comme pour moi, rien de l'univers n'est semblable si quelque part, on ne sait où, un mouton que nous ne connaissons pas a, oui ou non, mangé une rose...

Regardez le ciel. Demandez-vous : « Le mouton oui ou non a-t-il mangé la fleur ? » Et vous verrez comme tout change...

Et aucune grande personne ne comprendra jamais que ça a tellement d'importance !

これは私にとって、世界でもっとも美しく、世界でもっともかなしい風景です。前の
ページの絵と同じ風景ですが、みなさんによく見てもらおうと思って、あえてもう一度描
いたのです。小さな王子さまが地上にあらわれ、そして去っていったのはここ、この場
所なのです。
この風景をしっかりと見て、いつかみなさんがアフリカの砂漠を旅するとき、ああ、ここ
だよねと見わけがつくようになっていてください。そしてこの場所を通りかかることがも
しあったら、お願いですから、急がないでください。しばらく待っていてほしいのです。こ
の星の真下で！　それでもし、一人の子どもがみなさんのところにやってきたら、もしそ
の子が笑ったら、もしその子が金色の髪だったら、もし、質問をしてもその子がなにも答
えなかったら、その子がだれであるか、みなさんにはわかるはずです。そうしたら、おね
がいです！　こんなにもかなしんでいる私をほうっておかないでください。どうかすぐに
手紙を書いてください。王子さまが戻ってきたよと……。

Ça c'est, pour moi, le plus beau et le plus triste paysage du monde. C'est le même paysage
que celui de la page précédente, mais je l'ai dessiné une fois encore pour bien vous le
montrer. C'est ici que le petit prince a apparu sur terre, puis disparu.

　　Regardez attentivement ce paysage afin d'être sûrs de le reconnaître, si vous voyagez
un jour en Afrique, dans le désert. Et, s'il vous arrive de passer par là, je vous en supplie,
ne vous pressez pas, attendez un peu juste sous l'étoile ! Si alors un enfant vient à vous, s'il
rit, s'il a des cheveux d'or, s'il ne répond pas quand on l'interroge, vous devinerez bien
qui il est. Alors soyez gentils ! Ne me laissez pas tellement triste : écrivez-moi vite qu'il
est revenu...

»Le Petit Prince« — 𝕰𝖉𝖎𝖙𝖎𝖔𝖓 𝕿𝖎𝖓𝖙𝖊𝖓𝖋𝖆𝖘

1	Malkuno Zcuro	Aramaic
2	Zistwar Ti-Prens	Morisien (Mauritian Creole)
3	Mały princ	Hornjoserbsce (Obersorbisch)
4	Amiro Zcuro	Aramaic (Syrisch)
5	Der glee Prins	Pennsylfaanisch-Deitsch
6	Lisslprinsn	Övdalską
7	Y Tywysog Bach	Cymraeg (Welsh)
8	Njiclu amirārush	Armãneashti
9	Kočnay Shahzada	Pashto (Afghan)
10	Daz prinzelîn	Mittelhochdeutsch
11	The litel prynce	Middle English
12	Am Prionnsa Beag	Gàidhlig (Scottish Gaelic)
13	Li P'tit Prince	Walon
14	Mali Kraljič	Na-našu (Molise Slavic)
15	De kleine prins	Drèents – Nedersaksisch
16	Şazadeo Qıckek	Zazaki
17	Dher luzzilfuristo	Althochdeutsch
18	Die litje Prins	Seelterfräisk (Saterfriesisch)
19	Di latje prins	Frasch (Nordfriesisch)
20	De letj prens	Fering (Nordfriesisch)
21	Chan Ajau	Maaya T'aan (Maya Yucateco)
22	El' Pétit Prince	Picard
23	Be þam lytlan æþelinge	Old English (Anglo-Saxon)
24	U principinu	Sicilianu
25	Ten Mały Princ	Wendisch (Dolnoserbski)
26	El Princhipiko	Ladino (Djudeo-Espanyol)
27	Ël Pëtit Prêce	Picard borain
28	An Pennsevik Byhan	Kernewek (Cornish)
29	Lou Princihoun	Prouvençau (Provençal)
30	Ri ch'uti' ajpop	Maya Kaqchikel
31	O Prínçipin	Zeneize (Genovese Ligure)
32	Di litj Prins	Sölring (Sylter Friesisch)
33	Al Principén	Pramzàn (Parmigiano)
34	Lo Prinçonet	Lemosin (Okzitanisch)
35	Al Pränzip Fangén	Bulgnaiś (Bolognesisch)
36	El Princip Piscinin	Milanese
37	El Principe Picinin	Veneto
38	Ke Keiki Ali'i Li'ili'i	'Ôlelo Hawai'i (Hawaiian)
39	Li p'tit prince	Lidjwès (Liégeois)
40	Li p'tit Prince	Wallon central (d' Nameur)
41	Prispinhu	Lingua berdiánu
42	Lu Principeddhu	Gaddhuresu (Gallurese)
43	Te kleene Prins	Hunsrik (Brasil)
44	El mouné Duc	Beurguignon (Bourguignon)
45	Rey Siñu	Kriyol di Sicor (Kasamansa)
46	Tunkalenmaane	Soninke
47	•—•••／•—•—•••—•—••	Morse (Français)
48	Lu Principinu	Salentino
49	El Principén	Pesarese – Bsarés
50	De kläne Prinz	(Kur-)Pfälzisch
51	De kloine Prinz	Badisch (Südfränkisch)
52	Der kleine Prinz / Le Petit Prince	Deutsch / Français
53	De klääne Prins	Westpfälzisch-Saarländisch
54	Èl pètit Prince	Lorrain – Gaumais d'Vîrton
55	Der kleyner prints / Le Petit Prince	Yidish / Français
56	Lè Ptyou Prinso	Savoyard
57	Al Principìn	Mantovano
58	Ṭếélény Ṭɔ̀kkwóṛɔ̀ny	Koalib (Sudan)
59	Ru Prengeparielle	Molisano
60	The Little Prince	English
61	Ol Principì	Bergamasco
62	De Miki Prins / Le Petit Prince	Uropi / Français
63	Książę Szaranek	Dialekt Wielkopolski
64	Da Small Pitot Prince	Hawai'i Pidgin
65	↓ᔕᒣᐃ ᒪᐃ↓↓ᔕᒪᐃ ᒪᐅᎥᕵᐃᒻᐱ	Aurebesh (English)
66	Morwakgosi Yo Monnye	Setswana
67	El Little Príncipe	Spanglish
68	Kaniyaan RaajakumaaraH	Sanskrit
69	Er Prinzipito	Andalú
70	Lo Pitit Prinço	Patois Vaudois
71	Li juenes princes	Ancien Français
72	De klaan Prìnz / Le Petit Prince	Stroßbürjerisch / Français
73	Igikomangoma mu butayu	Kinyarwanda
74	The Wee Prince	Scots
75	𓏤𓏏𓄿𓀀𓅱𓀔 / Le Petit Prince	Ancien égyptien / Français
76	Le Pice Prinz	Ladin (Val Badia)
77	Der klane Prinz	Wienerisch
78	Lo Pti Prins	Welche
79	Da klayna prints	Varsheva idish
80	Ndoomu Buur Si	Wolof
81	Маленький принц / Le Petit Prince	Русский / Français
82	De klä Prinz	Hunsrücker Platt
83	Qakkichchu Laaha	Kambaata
84	Le pëthiòt prince	Guénâ (Bresse louhannaise)
85	Deä klenge Prenz	Öcher Platt (Aachen)
86	Il Pissul Principe	Furlan ocidentàl (Friaul)
87	Mozais priņcs	Latgališu volūda (Latgalian)
88	Ař Picin Prinsi	Patois tendasque
89	De lüttje Prinz	Oostfreesk Platt
90	Ko e Ki'i Pilinisi'	Lea Faka-Tonga' (Tongan)
91	Den lille prins	Synnejysk
92	Pytitel Prês	Kumaniĕ
93	𝕯𝖊𝖗 𝖐𝖑𝖊𝖎𝖓𝖊 𝕻𝖗𝖎𝖓𝖟	Deutsch (Fraktur)
94	El Principe Niño	Zamboangueño Chabacano
95	Kiči Bijčick	Karaim
96	ᛒᛗ ᚠᚠᛗ ᛚᚾᛁᛏᚠᛁ ᚠᚠᛗᚾᛁᛊᛗ	Anglo-Saxon Runes
97	Tiprins	Kreol Rodrige
98	الأمير الصغير	Arabic (Iraqi Baghdadi dialect)
99	Dr gleene Brinz	Sächsisch
100	الأمير الصغير / The Little Prince	Arabic (Emirati) / English
101	הנסיך הקטן / Le Petit Prince	Hébreu / Français
102	Dr kluane Prinz	Südtirolerisch
103	Lé P'tit Prince	Normand
104	D'r klëïne Prénns	Öupener (Eupener) Platt
105	Il Piccolo Principe	Italiano
106	The Leeter Tunku	Singlish
107	El Prinzipin	Ladin Anpezan
108	U Prengepene / Il Piccolo Principe	Frentano / Italiano
109	Da kloa Prinz	Bairisch
110	De klaane Prinz	Hessisch

→

»Le Petit Prince« — Edition Tintenfaß